W0072110

Hermann Multhaupt
Möge Frieden in deinem Herzen sein

Hermann Multhaupt

Möge Frieden in deinem Herzen sein

Geschichten und
irische Segenswünsche
zum Weihnachtsfest

benno

Bibliografische Information der Deutschen Nationalbibliothek
Die Deutsche Nationalbibliothek verzeichnet diese Publikation
in der Deutschen Nationalbibliografie;
detaillierte bibliografische Daten sind im Internet über
http://dnb.d-nb.de abrufbar.

Illustrationen: Actomic/Fotolia.de; TALwx/Fotolia.de;
Azzzya/Shutterstock.de

Besuchen sie uns im Internet:
www.st-benno.de

ISBN 978-3-7462-3198-3

© St. Benno-Verlag GmbH
Stammerstr. 11
04159 Leipzig
Umschlaggestaltung: Ulrike Vetter, Leipzig
Umschlagmotiv: © Heidi Brand/Shutterstock.de
Gesamtherstellung: Kontext, Lemsel (A)

Inhaltsverzeichnis

Nicht, dass jedes Leid dich verschonen möge,
noch dass dein zukünftiger Weg stets Rosen trage,
keine bittere Träne über deine Wange komme,
und kein Schmerz dich quäle –
dies alles wünsche ich dir nicht.

Sondern:
Dass dankbar du allzeit bewahrst
die Erinnerung an gute Tage.
Dass mutig du gehst durch Prüfungen,
auch wenn das Kreuz auf deinen Schultern lastet,
auch wenn das Licht der Hoffnung schwindet.

Was ich dir wünsche:
Dass jede Gabe Gottes in dir wachse,
dass einen Freund du hast,
der deiner Freundschaft wert.
Und dass in Freud und Leid
das Lächeln des menschgewordenen
Gotteskindes
dich begleiten möge.

Auf dem Weg zum Heil

In diesem Jahr, in dem Publius Quinctilius Varus von Kaiser Augustus zum Legaten in Syrien ernannt wurde, machte sich ein junges Mädchen von Nazaret aus auf den Weg in eine Stadt im Bergland von Judäa. Es war Frühling, die Luft mild, der Himmel veilchenblau, nur im Westen standen ein paar Wolken am Horizont. Der Weg führte durch fruchtbare Täler, in denen die Feldarbeiten im Gange waren, so durch das Tal Esdrelon, sowie über Höhen, auf denen das frische Gras Schafe und Ziegen zu einem Festmahl lud. Die Hirten winkten dem Mädchen zu, das nur ein leichtes Bündel auf der Schulter trug. Es hatte sich gegen die schon kraftvolle Sonne mit einem Schleier geschützt, unter dem an der Stirn eine dunkle Haarlocke hervorquoll, und es trug ein langes leinenes Kleid mit einem Gürtel um die Hüfte, an dem ein kleiner Beutel hing. Die Regenzeit war zwar noch nicht ganz vorbei, und manchmal musste sich das Mädchen unter einen Felsvorsprung oder unter eine Terpentinpistazie flüchten, um von den plötzlichen Schauern nicht durchnässt zu werden, doch ebenso schnell, wie der Regen gekommen war, verzog er sich auch wieder, und die Sonne zeigte alsbald wieder ihr strahlendes Gesicht.

Das Mädchen war schlank und geschmeidig, sein Gang wiegend, sein Schritt fest. Es kam gut voran, und die endlosen Meilen, die vor ihm lagen, schienen es nicht zu entmutigen. Viermal musste es unterwegs übernachten, zweimal bei entfernten Verwandten, die sich über das Wiedersehen freuten und es nach allen Familienmitgliedern und Ereignissen befragten, einmal im Haus eines Freundes ihres Verlobten Josef, das letzte Mal in einer Herberge, wo es mit drei anderen Frauen den Raum teilen musste. Der Name des Mädchens war Maria.

Ziel seiner mehrtägigen Wanderung war das Haus seiner Cousine Elisabet, die ein Kind erwartete. Und sie selbst, Maria, war guter Hoffnung, auch wenn sie das, was ihr widerfahren war, noch nicht richtig begreifen konnte. Das Kind, das sie empfangen und bald gebären sollte, entstammte nicht dem Samen ihres Verlobten Josef, denn sie lebten ja noch getrennt, sondern dem Geist Gottes. Ein Engel hatte ihr das offenbart, ein himmlischer Bote, der in ihr Haus in Nazaret getreten war, ihr den Friedensgruß entboten und dieses Geheimnis anvertraut hatte:

Du bist auserwählt, ein Kind zu empfangen, einen Sohn wirst du zur Welt bringen, dem sollst du den Namen Jesus – Jeschua – geben. Er wird ein bedeutender Mann sein und Sohn des Himmels genannt werden …

nach Lukas

Viele offene Fragen waren mit dieser Botschaft und dem, was der Engel noch sagte, verbunden. Wie konnte Maria das alles begreifen? Die Worte gaben ihr Rätsel auf. Aber jetzt war sie auf dem Wege zu ihrer Cousine Elisabet, und sie freute sich auf den Besuch. Maria ging voller Erwartung, und diese Erwartung beflügelte ihren Schritt. Als sie in Sichem ankam, fühlte sie sich vom Jakobsbrunnen, der in der Nähe lag, magisch angezogen. Obgleich ihr Wasservorrat noch reichte, legte sie eine Rast ein und wartete, bis die Hirten ihre Schafe getränkt hatten. Das schöpfte auch sie aus der historischen Quelle in Erinnerung an all die, deren Leben und Schicksal mit diesem Brunnen verbunden war. In der Nähe verlief eine große Straße, die das Mittelmeer mit dem Jordantal verband und weiter nach Gilead führte. Am Brunnen herrschte jetzt Ruhe. Stammvater Jakob hatte einst nach der Versöhnung mit Esau hier von den Söhnen Hamors um hundert Geldstücke Land gekauft und einen Altar zur Ehre Gottes errichtet. Doch sollte er an diesem Ort so bald seines Lebens nicht froh werden, weil die Konflikte im Lande Kanaan nicht abrissen. Warum zog der Brunnen die Nazarenerin Maria so mächtig in seinen Bann? Sie wusste es nicht. Dies war ein Ort wichtiger Begegnungen und Gespräche. Sie spürte mit einem Male, dass hier dereinst ein wichtiges Zusammentreffen stattfinden würde, doch zwischen wem, das ahnte sie nicht.

Elisabet war weitaus älter als sie. Elisabet und ihr Mann Zacharias hatten bisher keine Kinder bekommen, und die Verheißung der späten Jahre machte sie glücklich. Zacharias gehörte der Priesterklasse Abija an, seine Frau stammte aus dem Geschlecht Aarons. Wenn das Los ihn traf, fiel Zacharias die Aufgabe zu, im Tempel des Herrn Rauchopfer darzubringen. Als Maria das Haus ihrer Verwandten erreichte und zur Tür eintrat, kam ihr Elisabet strahlend entgegen. »Nicht nur ich freue mich, das Kind in meinem Leib hüpft gerade ebenfalls vor Freude«, rief sie und umarmte die Cousine. »Du bist gesegnet, Maria, mehr als andere Frauen, und gesegnet ist die Frucht deines Leibes.«

»Wie, du weißt?«

»Ich sehe es dir an, dass du schwanger bist, und ich ahne, dass du ein außergewöhnliches Kind in dir trägst. Doch nun komm herein, stärke dich und ruhe dich aus.«

Doch Maria verharrte noch einen Augenblick wie geistesabwesend. Irgendetwas ging in ihr vor, eine Erkenntnis stieg in ihr auf. Elisabet schaute sie fragend an. Da sagte Maria leise: »Meine Seele preist die Größe des Herrn, und mein Geist jubelt über Gott, meinen Retter. Denn auf die Niedrigkeit seiner Magd hat er geschaut. Siehe, von nun an preisen mich selig alle Geschlechter. Denn der Mächtige hat Großes an mir getan, und sein Name ist heilig …«

Elisabet stand einen Augenblick wie verwundert, als Maria diese Worte sagte, und starrte ihre Cousine an. »Du gibst mir Rätsel auf, Maria«, flüsterte sie.

Zacharias war nicht zu Hause. »Wundere dich nicht, wenn er gleich kommt«, sagte Elisabet, »er kann nicht sprechen.«

»Wie, nicht sprechen? Ist er erkältet oder was verschlägt ihm die Sprache?«

»Er hatte eine merkwürdige Begegnung im Tempel«, berichtete seine Frau. »Während er zur bestimmten Zeit das Rauchopfer darbrachte, erschien ihm ein Engel. Er stand auf der rechten Seite des Rauchopferaltares. Zacharias erschrak, wie du dir denken kannst. Der Engel aber sagte: Fürchte dich nicht, Zacharias. Dein Gebet ist erhört worden. Deine Frau Elisabet wird dir einen Sohn gebären, dem sollst du den Namen Johannes geben.«

»Und der meine soll Jeschua heißen«, rief Maria. »Johannes und Jeschua – diese Namen kommen in unseren Familien bisher nicht vor.«

Elisabet bot der Cousine eine geschälte Orange an.

»Das meint auch Zacharias. Doch der Engel sagte über Johannes: Er wird groß sein vor dem Herrn. Viele Israeliten wird er zum Herrn, ihrem Gott, bekehren.«

»Das klingt ja sehr verheißungsvoll«, staunte Maria.

»Ja, der Engel sagte noch mehr, doch Zacharias gab zu bedenken: Woran soll ich erkennen, dass das wahr ist? Ich bin ein alter Mann, auch meine Frau ist im vorgerückten Alter.«

Da erwiderte der Engel:

Mein Name ist Gabriel, ich bin ein Engel, der vor Gott steht. Gott hat mich zu dir gesandt, um dir diese frohe Botschaft zu bringen. Aber du glaubst mir nicht. Weil du an meinen Worten gezweifelt hast, die in Erfüllung gehen, wenn die Zeit dafür reif ist, sollst du verstummen und nicht mehr reden können, bis zu dem Tag, an dem all das, was ich dir verkündet habe, eintrifft.

nach Lukas

»Ja, und seither ist Zacharias stumm«, ergänzte Elisabet und schwieg. Es war still im Raum, und in dieser Stille saßen die beiden Frauen eine Weile gefangen. Elisabet hatte bereits graues Haar, doch die Haut ihres Gesichtes war noch ohne Falten, die dunklen Augen schimmerten lebhaft.

»Was geschah nun weiter mit deinem Mann?«, fragte Maria leise.

»Nun, das Volk wunderte sich, dass er so lange im Tempel blieb. Als er schließlich herauskam, konnte er nicht mit den Leuten sprechen. Da ahnten sie, dass sich etwas Außergewöhnliches ereignet haben musste. Er konnte sich nur in der Zeichensprache mit ihnen verständigen. – Doch horch, ich höre ihn kommen!«

Die Tür ging, man hörte schwere Schritte. Der Tempeldienst war beendet. Zacharias kehrte in sein Haus zurück. Er war erschöpft, man sah es ihm an. Der Tempeldienst dauerte in der Regel über mehrere Tage viele Stunden. Nickend und lächelnd, doch wortlos begrüßte er Maria und wünschte ihr Glück. Zu diesem Zweck zog er ein Schiefertäfelchen aus der Tasche, schrieb ein paar Worte darauf und zeigte sie ihr. Maria nickte und küsste ihm die Hand. Die Verständigung war nicht leicht. Wenn Maria etwas fragte, musste Zacharias zur kleinen Tafel greifen und seine Antworten niederschreiben. Zacharias war etwas untersetzt und trug einen weißen Bart. Seine Augen schimmerten wässrig und müde, denn er studierte tage- und nächtelang die heiligen Schriften. Er war ein frommer und ernster Mensch. Der Bann der verlorenen Sprache würde erst mit der Geburt des kleinen Johannes brechen, und die stand jetzt noch nicht bevor. Zacharias musste geduldig sein. Die Sprachlosigkeit, mit der der Engel ihn geschlagen hatte, erforderte Disziplin und Demut. Maria blieb fast ein Vierteljahr bei ihrer Cousine. Sie verlebten viele Stunden gemeinsam miteinander, teilten sich die Arbeit in Haus und Garten, verstanden sich dabei prächtig und vertieften sich immer mehr in das Geheimnis, das ihre künftigen Söhne umgab.

Weihnachten lächelt dir Gott
in einem Kind zu.
Mögest du
dieses Lächeln weitergeben
an alle, die du triffst.

Irischer Segenswunsch

Der doppelte Nikolaus

Manchmal, wenn ich den vorweihnachtlichen
Trubel in den Einkaufsstraßen betrachte, den
Kaufrausch erlebe, der viele Menschen beim Anblick
der Auslagen in den Schaufenstern ergreift, denke ich
an die Dezember meiner Kindheit auf dem Lande
zurück. Damals war der letzte Monat des Jahres still
und schneereich, die Dämmerung senkte sich früh
über die Dörfer, in denen nur vereinzelt Straßenlampen
brannten, bis sie im Krieg für lange Zeit ganz
erloschen. Im Winter hielten wir »Dämmerstunden«.
Das elektrische Licht wurde aus Gründen der Sparsamkeit
so lange wie möglich nicht angezündet. Die
Leute saßen nach Feierabend in der Wohnküche am
Herd, in dem ein lustiges Feuer züngelte und seinen
flackernden Schein an Wände und Decken warf.
Von Zeit zu Zeit fuhr auch ein Auto die Straße herab,
die Scheinwerfer tasteten die Häuser entlang, und wo

es in die Fenster schien, zeichnete das Licht Silhouetten und Muster an die Zimmerwände. »Kino« nannten wir das. Der Phantasie waren keine Grenzen gesetzt: Hasen, Rehe, Zwerge, Hexen und hungrige Wölfe entstanden vor unseren Augen und huschten an den Wänden entlang durch den Raum.

Zu Beginn des Monats Dezember setzte bei uns Kindern immer die Zeit der Gewissenserforschung ein. Sie galt jenen kleinen und manchmal auch schon recht beachtlichen Bubenstreichen, die wir im Laufe eines langen Jahres unseren lieben Mitmenschen hatten angedeihen lassen.

Die Besinnung auf die dunklen Punkte geschah indessen nicht von ungefähr und hatte ihren Grund: Am 6. Dezember, dem Nikolaustag, rechnete der weise Herr Bischof von Myra über Gut und Böse ab, und zwar – das mussten wir dem himmlischen Sendboten zugestehen – auf eine unbestechlich gerechte Weise. Es gab keine Nachsicht, wohl aber gezielte Hiebe, wenn die Tinte im Schwarzen Buch fast eine ganze Seite bedeckte und die goldene Schrift für die guten Werke nicht einmal zwei volle Zeilen füllte. Den blauen, wachen Augen Sankt Nikolaus' schien auch nicht das I-Pünktchen auf einer noch so kleinen Verfehlung zu entgehen, alles wusste er, und das will etwas heißen, wo doch die Entfernung vom Himmel zur Erde so entsetzlich groß ist.

Bis sich der Gast aus dem fernen Himmel selbst um seinen guten Ruf brachte. Es geschah wohl in der Mitte der vierziger Jahre, der Krieg war noch im Gange, und die erzieherische Handschrift des Vaters fehlte Kurz, nur der Großvater befehligte das Regiment der Familienmitglieder. Es fiel ihm oft schwer, sich gegen das Gänsegeschnatter in seinem Haushalt durchzusetzen und die unruhige Meute der Kinder in Schach zu halten.

Wir saßen an einem 6. Dezember erwartungsvoll und – zugegeben – auch ein wenig kleinlaut auf dem Sofa in der Küche. Ich grübelte gerade darüber nach, ob der heilige Nikolaus wohl schon wüsste, dass ich im Sommer eine Katze in den Wäscheschrank der Sakristei gesperrt hatte und ob die Gans, die während der Sonntagspredigt des Herrn Pfarrers plötzlich hinter dem Hochaltar zu schnattern begann und auch auf mein Konto ging, im Schwarzen Buch des gestrengen Richters verzeichnet stand – da klopfte es dumpf an die Tür.

Der Großvater richtete sich in seinem Lehnstuhl auf und schielte über den Brillenrand auf die Küchenuhr. »Nanu«, sagte er, »kommt Sankt Nikolaus schon so früh?« Gewöhnlich erschien der heilige Bischof nämlich pünktlich um sieben, und es fehlten jetzt noch zwanzig Minuten an der vollen Stunde. Ich befühlte verstohlen das Stück Pappe, das ich mir vorsichtshalber hinten in die Hose geschoben hatte, und spürte mein Herz bis zum Hals hinauf in wilder Unregelmäßigkeit schlagen.

Bums! Da pochte es abermals, diesmal eindringlicher und fordernder an die Küchentür. Sieben Augenpaare hefteten sich fragend auf den Großvater. Der spürte, dass er zum Handeln aufgerufen war. Er erhob sich brummend, legte die Pfeife beiseite und tappte zur Tür. In diesem Augenblick wurde die Klinke herabgedrückt, und noch ehe der Großvater nachschauen konnte, wer draußen im Flur stand, schob sich Sankt Nikolaus in den Raum.

Aber was war das für ein heiliger Mann! Das war doch nicht jener himmlische Gast, den wir kannten und der jedes Jahr zu uns kam mit seinem langen, bis auf die Brust wallenden Bart, dem festlichen Chormantel, der bis auf die Stiefelspitzen herabfiel, und dem goldenen Bischofsstab. Dieser Nikolaus trug ein kurzes rotes Wams, das mit allerlei Schnallenwerk verziert und an den Ärmeln mit weißen Pelzstücken besetzt war. Auf dem Kopf saß ihm statt der hohen Mitra mit dem Kreuz eine steife Bommelmütze mit einem dicken buschigen Knopf darauf. Er hatte, wie wir mit Freude bemerkten, auch seine Bücher vergessen, in denen das Gute und Böse verzeichnet stand. Unter buschigen, schwarzen Brauen blickten zwei kleine Äuglein auf uns herab, die Backen waren voll und rot wie reife Tomaten, und auch die Nase hatte etwas Ulkiges. So ähnlich sahen die Gartenzwerge aus, die beim Nachbarn im Tulpenbeet standen. Siedendheiß fuhr es mir über den Rücken bei dem Gedanken, dass ich im Sommer zwei von ihnen mit einem Spazierstock geköpft hatte. Auf dem Rücken des eigenartigen Besuchers wölbte sich ein prallgefüllter Sack, aus dem ein Stutenkerl herausschaute mit Rosinenaugen und einem Mund aus Marzipan.

»Was wollen Sie hier?«, fragte mein Großvater mit seiner tiefen Kapitänsstimme und blickte den merkwürdigen Nikolaus herausfordernd an.

»Ja, aber ich bitte Sie ...«, stammelte der gute Mann, »ich bin doch ..., ich bin ...« Er sprach nicht weiter, als er in die neugierigen Augen von uns Kindern sah, die die seltsame Erscheinung mit wachsender Unruhe musterten. Hinter vorgehaltener Hand flüsterte der Fremde auf meinen Großvater ein, gerade so laut, dass ich es am Kopf des Tisches mitbekam: »Sie haben mich doch bestellt!«

Bestellt? Durchzuckte es mich. Kam der Nikolaus nicht von selbst? Hatte er keinen himmlischen Auftrag?

»Wie bitte?« Der Großvater reckte sich. Wie eine mächtige Eiche stand er im Zimmer. »Was habe ich?« Der Besucher wich zurück. Ha, dachte ich, selbst ein Nikolaus kneift vor meinem Großvater! Ich bekam Mut. Ich stand auf und trat näher. Warum hatte ich meinen Opa nicht schon früher am 6. Dezember zur Abwehr eines drohenden Donnerwetters herangezogen? Klein und unscheinbar sah er plötzlich aus, der ferne Bote, wie er mit dem Rücken zur Tür stand und unbeholfen zu erklären versuchte, warum er nun eigentlich hier sei. »Sie haben mich doch …, ich bin doch der Weihnachtsmann!«

»Wir brauchen keinen Weihnachtsmann!«, donnerte mein Großvater. »Besten Dank für das Angebot! Zu uns kommt der Nikolaus, und zwar höchstpersönlich, verstanden?«

»Jawohl!«, nickte der Weihnachtsmann. Seine Bommelmütze rutschte ihm in den Nacken, jetzt sah er noch komischer und mickriger aus. Dann sagte er: »Verzeihung, ich habe mich wohl in der Hausnummer geirrt.«

»Mensch, Opa, du bist ein Pfundskerl!«, brüllte Herbert, der noch vor wenigen Augenblicken schlotternd in der Sofaecke gekauert hatte und das Jüngste Gericht drohend über sich hereinbrechen sah. »Schmeiß den echten Nikolaus nur gleich auch vor die Tür.«

Auf Opas Stirn schwoll eine Zornesader an. Aber er unterdrückte die Schimpfkanonade, setzte seinen ausgebrannten *Mutz* wieder unter Dampf und paffte, dass der selbst angebaute Tabak im Pfeifenkopf schmorte und zischte.

»Wisst ihr was?«, krähte ich übermütig, »vielleicht kommt der Nikolaus heute gar nicht. Vielleicht habt ihr vergessen, ihn herzubestellen. Wisst ihr, man muss ihn nämlich bestellen, das habe ich soeben selbst gehört« , fügte ich, mich im Kreise umblickend, triumphierend hinzu und machte ein Gesicht wie ein Geheimnisträger.

Großvater sah mich einen Augenblick durchdringend an. Irgendetwas in ihm schien einen Knacks bekommen zu haben und zerbrochen zu sein. In seinen Augen las ich es ganz deutlich.

»Den Nikolaus muss man bestellen? Er kommt gar nicht von allein?«, fragte Fritz mit seiner hellen piepsenden Stimme.

»Vielleicht gibt es auch gar keinen richtigen Nikolaus, Leute, wo es doch einen Weihnachtsmann gibt …«, ergänzte ich.

Die Erwachsenen stürzten sich wie Krähen auf mich, hackten mit Worten auf mich ein. Eine wahre Flut entlud sich über meinem schuldigen Haupt. Nur der Großvater sagte nichts. Er saß in seinem Sessel, ein wenig vorgebeugt, biss auf die Pfeife und sog und paffte, bis ihm die duftenden Tabakswolken Tränen in die Augen trieben. –

Um sieben, pünktlich wie alle Jahre, erschien dann der echte Nikolaus, oder besser: der, den wir bis dahin für den wahren Bischof von Myra gehalten hatten. Wir Kinder, die wir nun dem Geheimnis der Verwandlung auf die Spur gekommen waren, betrachteten ihn mit anderen, mit neuen Augen. Herbert, der ihm am nächsten saß, behauptete anschließend, der Nikolaus

trage gar keinen echten Bart, er sei bestimmt ange-
klebt, und auch mit den Locken, die unter seiner Mitra hervorquollen, sei etwas nicht in Ordnung gewesen. Und überhaupt …

Wir aßen die Plätzchen, die der Nikolaus mitgebracht
hatte, und knackten die Nüsse. Aber es war nicht mehr
jene feierliche Handlung, die in den Vorjahren damit
verknüpft gewesen war. Wir kamen uns vor wie kleine Erwachsene, die hinter ein Geheimnis gekommen
waren und den großen Leuten einen Streich gespielt
hatten. Doch so recht von Herzen glücklich schien
keiner von uns.

Großvater lachte wieder mit seinen Enkeln, nicht
ganz so lustig vielleicht wie zuvor, er redete und tat,
als sei nichts Weltbewegendes geschehen. Und doch
hatte sich eine Menge ereignet. Wie groß die Verän-
derung in uns an jenem Abend wirklich gewesen war,
wurde uns erst im Laufe der Jahre bewusst. Wir waren über ein Stück unserer Kindheit hinausgewach-
sen, über einen Lebensabschnitt, der endgültig beendet war.

Kein Nikolaus brachte ihn wieder.

Mutz = landläufiger Ausdruck für Pfeife

Der Segen
aus dem Stall zu Betlehem
erreiche auch dich
und den letzten Winkel deines Herzens.

Irischer Segenswunsch

Zu viele Wünsche

Zu einem alten weisen Mann kam eines Tages ein Kind und erkundigte sich, ob es fliegen lernen könne. »Jeder, den ich gefragt habe, hat mich ausgelacht und gesagt, fliegen könnten nur die Vögel, die Flügel haben, oder allenfalls die Engel im Himmel«, sagte das Kind enttäuscht.

Der alte weise Mann lächelte und erwiderte, auch der Mensch könne fliegen, wenn er nur die Vorschriften beachte.

Das Kind sah ihn ungläubig an. »Ich weiß«, sagte es, »es gab einmal einen Mann, der für sich und seinen Sohn je ein Flügelpaar aus Federn anfertigte – davon habe ich gehört. Aber der Sohn kam der Sonne zu nah, das Wachs auf den Federn schmolz und er stürzte ab.«

»Du hast in der Schule gut aufgepasst«, nickte der weise Mann. »Die Geschichte von Dädalus und Ikarus kennst du also. Aber an einen solchen Flug dachte ich eigentlich nicht.«

»Sondern?« Das Kind hing mit gespannter Aufmerksamkeit an seinen Lippen.

»Ich dachte an die Freiheit des Menschen, die zum Flug wird, wenn er alles abgeschüttelt hat, was ihn beschwert. Wenn er leicht, federleicht geworden ist, so dass er vom Windhauch empor gewirbelt wird.«

»Das verstehe ich nicht!«, rief das Kind. »Federleicht soll ich werden? Dabei wiege ich doch siebzig Pfund.«

Der Weise lächelte versonnen. »Sag mir, welche Dinge dir gehören und dir viel bedeuten.«

Das Kind begann aufzuzählen: »Mein Fahrrad, mein Fernsehapparat, meine Möbel, meine Bücher, meine Kleider, meine Kassetten, meine CDs. Übrigens habe ich einen großen Wunschzettel für Weihnachten geschrieben.«

»Es ist genug«, unterbrach der Weise das Kind. »Hast du auch Wünsche für morgen, wenn du erwachsen bist?«

»Viele!«, rief das Kind. »Zum Beispiel wünsche ich mir ein Auto, wenn ich größer bin, ein gemütliches Haus, einen Garten voller Blumen, eine große Weltreise.«

»Es genügt«, sagte der weise Mann. »Wärst du bereit, deine Wünsche zu vergessen, nur den einen nicht – zu fliegen?«

Das Kind schwieg einen Augenblick. Es legte die Stirn in Falten und dachte nach. »Nein«, sagte es dann zögernd und leise, »ich glaube nicht, dass ich auf meine Wünsche verzichten möchte. Sie gehören doch zum Leben und alle haben sie.«

»Ja«, nickte der alte weise Mann, »alle haben sie, und niemand kann auf den Luxus dieser Welt verzichten. Deshalb, mein Kind, deshalb kann deine Seele auch nicht fliegen lernen …«

Das Krippenkonzert

Als jene Stunde kam, die lang ersehnte,
und Gottes Sohn im Stall geboren war,
da hob ein Flügelschlagen an am Himmel,
aus Wolkentoren stürzte das Gewimmel
der aufgeregten Cherubinenschar.

Pausbäckig blies der Engel jeder zehnte
– und übertraf dabei sich selber gar –
auf Silbertönen und auf Goldposaunen,
die Hirten standen offnen Munds vor Staunen
und lauschten leis den Weisen wunderbar.

Doch auch der Ochse dachte einzustimmen
in jenes süße himmlische Konzert,
doch statt die Wärme auf das Kind zu blasen,
stieß er zwei falsche Töne durch die Nasen,
statt G ein Gis, und das war noch verkehrt.

Der Esel wollt' das hohe C erklimmen
– denn seine Stimme schien ihm hörenswert –
ein Alleluja schmettern wie die Engel,
doch sein Gesang war voller Eselsmängel,
nur »i-a, i-a« tönte es verzerrt.

Die Tiere senkten tief beschämt die Köpfe,
es raschelte seitab im Lagerstroh,
das Krippenkind begann versteckt zu kichern.
»Ich möchte meiner Freundschaft euch versichern;
ihr beiden Helden, seid nun wieder froh.«

Zur Krippe blickten die verstummten Tröpfe,
getröstet, und sie wussten nicht wieso.
Herr Josef stieß Maria in die Seite,
so sanft, dass jeder seinen Stups verzeihte,
und sprach erfreut: »Marie, es lächelt scho.«

Wie das Weihnachtslied
» Alle Jahre wieder« entstand

Es war eine Schulklasse, von der jede Pädagogin und jeder Pädagoge heute träumt. Die Kinder saßen still in ihren Bänken, nicht eingeschüchtert oder voller Angst vor den gestrengen Blicken des Lehrers, nein, sie saßen und hörten zu. Sie hörten aufmerksam und begeistert zu! Das ist eine Eigenschaft, die heute nicht mehr alle Kinder beherrschen: zuzuhören. Bei Superintendent Pfarrer Johann Wilhelm Hey war das anders. Er konnte nämlich wunderbar erzählen! Er war ein Meister seines Fachs und hätte heute sicher einen Vorlese- oder Erzählerpreis bekommen, wenn er noch unter den Lebenden weilte. Um das Jahre 1835 hatte der Superintendent gerade eine Reihe Fabeln für Kinder geschrieben, die er seiner Klasse in der Adventszeit mit Begeisterung vorlas. Und die Mädchen und

Jungen dankten es ihm durch große Aufmerksamkeit. War das spannend, was sie da hörten!

Eines der Mädchen meinte: »Mein Patenonkel Fritz, der Landarzt in Laucha ist, hat die Sammlung letztes Jahr zu Weihnachten seinen Kindern, meinen Vettern und Kusinen, geschenkt. Haben die ein Glück! Mein Onkel hat gesagt: Den Lehrer möchte ich gern einmal kennen lernen.«

Superintendent Hey lächelte. »So, meinst du, Gertrud? Das macht mich aber mächtig stolz, dass dein Patenonkel so etwas sagt.«

Gertruds Wangen glühten vor Begeisterung. »Er hat noch mehr gesagt, Herr Pfarrer. Er hat gesagt: Da ist dem Herrn Superintendenten Johann Wilhelm Hey aber ein toller Wurf gelungen. – Was ist ein Wurf, Herr Pfarrer?«

»Das weißt du nicht, Gertrud?«, rief Wolfgang, der sich als Klassenbester fühlte. »Ein Wurf ist eine Bezeichnung für … für … na, eben ein Wurf Katzen.«

»Oder Hunde«, schmetterte Karl in die Klasse.

Der Superintendent lächelte. »Ihr habt beide Recht. Wurf ist die Bezeichnung für die gleichzeitige Geburt mehrerer Tiere. Aber ein solcher Wurf ist hier nicht gemeint.«

Wolfgang und Karl duckten sich unter dem Gelächter der Mitschülerinnen und Mitschüler. Gertrud triumphierte.

»Seht einmal, Kinder«, fuhr der Superintendent fort, »die Fabeln, die ich geschrieben habe, gehören sozusagen zu einem Themenkreis. Sie sind allesamt innerhalb einer bestimmten Zeit – sagen wir einmal, innerhalb von zwei Monaten – verfasst worden. Sie sind in einem Anlauf, in einem Guss entstanden und deshalb …«

»Ein Wurf!«, brüllte die Klasse.

»Richtig«, nickte Johann Wilhelm Hey und schob sich die Nickelbrille zurecht. »Ich freue mich, Gertrud, dass dein Patenonkel in Laucha praktiziert. Das ist mein Heimatort. Freilich bin ich schon lange von dort fort. Hier in Ichtershausen gefällt es mir besonders gut – hauptsächlich natürlich, weil ihr hier seid.«

Der Superintendent blickte schmunzelnd in die Runde und erntete ein fröhliches Gelächter.

»Wir fühlen uns auch wohl mit Ihnen«, sagte Margret mit heller Stimme, »besonders, weil Sie uns so schöne Märchen erzählen.« Zustimmendes Kopfnicken unterstrich die Bemerkung des Mädchens.

Nun wurde der Superintendent ernst. »Meine lieben Kinder, ich bin natürlich nicht in erster Linie Pfarrer und Superintendent geworden, um euch Märchen und Fabeln zu erzählen, sondern um euch das Wort Gottes zu verkünden. Es freut mich jedoch, wenn es dir, Margret, und den anderen in meiner Gesellschaft so gut gefällt.«

»Ihr Vorgänger war viel strenger«, beschwerte sich die kleine Annegret.

Superintendent Hey putzte sich die Nickelbrille mit einem riesigen weißen Taschentuch. »Ich glaube, nun schweifen wir etwas vom Thema ab«, bemerkte er lächelnd.

Josef zeigte wie wild auf. »Nun, was möchtest du, Junge?«

»Herr Pfarrer, die Klasse hat mich vorhin in der Pause beauftragt, Ihnen einen Vorschlag zu machen.«

»Einen Vorschlag?«

»Ja. Also wir haben uns überlegt, ob es nicht sinnvoll wäre, ein neues Weihnachtslied zu lernen. Wir kennen

zwar eine Reihe wie ›In dulci jubilo‹ oder ›Es ist ein Ros
entsprungen‹. Aber die sind so schwer zu verstehen.«

»Wir hätten gern etwas Leichteres«, bemerkte Gertrud.

»Etwas, das alle schnell lernen«, ergänzte Helmut.

Superintendent Johann Wilhelm Hey blickte nachdenklich in die Runde. »Aber die Lieder, die ihr soeben genannt habt, sind doch schöne, tiefsinnige Weihnachtsgesänge, die eine alte Tradition haben.«

»Alt schon, Herr Superintendent, aber wir hätten gern etwas Fröhliches«, sagte Josef.

Der Pfarrer dachte einen Augenblick nach. »Glaubst du, Josef, dass Weihnachten ein fröhliches Fest ist, das man ›lustig‹ besingen kann?«

»Nein, ganz so fröhlich und lustig gewiss nicht, wenn ich an die Armut denke, in die das Christkind geboren wurde.«

»Und in der viele Menschen heute noch leben«, ergänzte der Pfarrer schnell.

»Richtig. Aber die Freude auf Weihnachten – die dürfte doch im Lied etwas kräftiger zum Ausdruck kommen.«

Als der Superintendent auf seine Klasse schaute, sah er viele nickende Köpfe, die Josefs Meinung bestärkten.

»Wir dachten, dass Ihnen gewiss ein neuer Vers einfiele«, lächelte Maria.

Superintendent Johann Wilhelm Hey schürzte die Lippen. »So, und ihr meint also, ich setze mich hin und schon sprudelt das neue Lied aus meiner Feder, hm? Ich kann nicht zaubern. Ihr setzt hohe Erwartungen an mich. Ich weiß jedoch nicht, ob ich sie erfüllen kann. Lustig – fröhlich – Freude auf Weihnachten …«

»So übermäßig lustig braucht es ja nicht zu sein«, warf Fritz zaghaft ein.

Superintendent Johann Wilhelm Hey schüttelte den Kopf. Eigentlich standen heute ja die alttestamentlichen Propheten auf dem Stundenplan, doch als er die erwartungsvollen Augen der Kinder sah, entschied er sich spontan zu einer Änderung des Unterrichtsstoffes.

»Ich habe einen Freund in Leipzig. Den Lehrer Ernst Anschütz. Von ihm stammt das Lied ›O Tannebaum‹, das ihr sicher alle kennt.«

»Klar, Herr Superintendent«, riefen Maria und Annegret wie aus einem Munde.

»Lehrer Ernst Anschütz hat eine Melodie geschrieben, zu der ich gern einen Text verfassen würde. Hört sie euch einmal an.«

Der Superintendent nahm seine Blockflöte aus dem Futteral und begann zu spielen, erst leise, dann immer stärker. Am Ende war der Raum erfüllt von wunderschönen, hellen Tönen. Die Kinder hielten den Atem an.

»Jetzt gehört nur noch ein guter Text dazu«, unterbrach der Superintendent die Stille. »Wie wäre es, meine Lieben, wenn ihr mir beim Dichten helfen würdet?«

»Wir?« Dreißig Augenpaare starrten den Pfarrer an.

»Ja, ihr!«

»Das können wir nicht«, meinte Karl.

»Dann versuchen wir es, gemeinsam, ja? – Nun passt mal schön auf!« Der Superintendent betonte jedes der nun folgenden Worte: »Das Christkind kommt alle Jahre wieder auf die Erde, zu uns Menschen. Davon sollten wir ausgehen. Können wir das nicht in einem schlichten Reim ausdrücken?«

»Alle Jahre wieder …« begann Josef.

»Alle Jahre wieder – kommt das Christuskind«, ergänzte Gertrud.

»Auf die Erde – nieder …«, dichtete Maria scheu.

»Wo wir Menschen sind«, ergänzte der Superintendent.

»Nun, Karl, wiederhole einmal den Vers und sag' bitte nicht, dass ihr nicht dichten könnt.«

Karl trug mit strahlenden Augen die erste Strophe vor:

Alle Jahre wieder
kommt das Christuskind
auf die Erde nieder,
wo wir Menschen sind.

»Ausgezeichnet!«, nickte der Superintendent. »Nun brauchen wir aber auch eine zweite und dritte Strophe, was meint ihr?«

Die Antwort fiel einstimmig aus. Die Kinder steckten die Köpfe zusammen. Superintendent Johann Wilhelm Hey ging von Bank zu Bank, er sprach mit jeder Schülerin und jedem Schüler, gab Anregungen, Tipps und Hinweise. Das Gemurmel schwoll lebhaft an, die Wangen glühten, die Ohren wurden feurig rot. Aber am Ende der Stunde konnte sich die Klasse mit ihrer Dichtkunst sehen lassen.

»Helmut«, rief Superintendent Johann Wilhelm Hey, »trag die zweite Strophe vor!«

Kehrt mit seinem Segen
ein in jedes Haus,
geht auf allen Wegen
mit uns ein und aus.

»Darf ich die dritte Strophe aufsagen?«, bat Annegret. Der Superintendent nickte.

Ist auch mir zur Seite
still und unerkannt,
dass es treu mich leite
an der lieben Hand.

»Ja, ja, meine Lieben«, nickte der Pfarrer in die Runde, »ihr seid wirklich echte kleine Dichter! Aber jetzt wollen wir das Lied gemeinsam vortragen. Ich spiele die Melodie und ihr singt den Text. Wirklich, das habt ihr ausgezeichnet gemacht.«
Superintendent Pfarrer Johann Wilhelm Hey griff zu seiner Blockflöte, und erst zaghaft, dann aber immer stärker stimmte die Klasse das Weihnachtslied »Alle Jahre wieder« an, das seither in vielen Familien am Heiligen Abend vor der Bescherung, bei weihnachtlichen Veranstaltungen von Gruppen und Vereinen sowie in Seniorenheimen begeistert gesungen wird.

Möge der Stern
über dem Stall von Betlehem
Heim und Herd erleuchten
und dem Haus
das Licht des Friedens bringen.

Irischer Segenswunsch

Einladung ins Paradies

Die Kälte krallte sich fest. Sie belagerte die Stadt wie ein feindliches Heer und gab sie nicht mehr frei. Die Menschen hauchten in ihre durchgefrorenen Hände und rieben die roten Ohren. »Abscheulich, Frau Gebhardt. Nein, dass Sie bei der Hundekälte auf dem Markt stehen müssen! Frieren Ihnen die Beine nicht fest?«

»Lange halte ich es nicht mehr aus, dann mache ich dicht. Bei dem Wetter wagt sich ja ohnehin kaum jemand auf die Straße«, sagte Frau Gebhardt und wog Frau Krämer den Grünkohl ab. »Siebzehn Grad minus sollen es nächste Nacht geben«, bibberte Frau Krämer und wartete ungeduldig, bis sie das Wechselgeld erhielt. »Ich sehe zu, dass ich ins Warme komme.«

»Ich würde gern mit Ihnen tauschen«, antwortete Frau Gebhardt und trippelte von einem Fuß auf den anderen. »Eine knappe Stunde muss ich wenigstens noch durchhalten, dann baue ich meinen Stand ab.«

Die Damen wünschten sich einen Guten Tag.

Unten am Fluss führte Wolfram, der Stadtstreicher, ein Selbstgespräch. Er hatte niemanden, mit dem er reden konnte, außer den Weiden, deren Äste starr und brüchig waren wie Glas. »Du darfst nicht wieder einschlafen«, murmelte er vor sich hin. »Nein, das darfst du nicht. Die Kälte ist tödlich! Noch so eine Nacht auf der Parkbank, und du wachst in der Hölle auf. Hölle? In der Hölle soll es ziemlich heiß sein, sagt man. Und Hitze wäre genau das, was ich jetzt vertragen könnte.«

Wolfram schlug die Arme gegeneinander und stampfte mit den Füßen. »Hundekälte! Mörderisch!«, fluchte er. »Die bringt den stärksten Mann aus dem Gleichgewicht.« Er zog eine Flasche mit Billigfusel hervor und nahm einen herzhaften Schluck. »Das läuft durch die Gurgel wie ein Lavastrom. – Die Gartenlauben sind dicht«, sinnierte er, »winterfest. Unter der Brücke ist es noch kälter. Da pfeift der Wind durch. Eisschollen treiben auf dem Fluss. Es ist das Beste, wenn ich hier bleibe.« Er nestelte an seiner Decke. »Für ein Sommerlager ideal. Aber jetzt im tiefen Winter? Herrlich, diese Sonnenuntergänge. Wie eine riesige Zitronenscheibe sinkt die Sonne hinter die Berge. Aber zugleich steigt die Kälte aus den Ritzen der Erde. Diese verdammte Kälte!« Der erneute Schluck aus der Billigfuselflasche belebte die Geister. Kam da nicht jemand? Wolframs Augen durchmaßen das Zwielicht. Ja, wahrhaftig!

»Guten Abend, Wolfram«, sagte einer der drei Männer.

»'n Abend!«

»Ist es nicht ein bisschen zu kalt für die Parkbank?«

»Komische Frage! Natürlich ist es kalt. Mörderisch kalt sogar. Ihr friert wohl nicht in euren Hermelinpelzen? Aber die Kronen, die Kronen wärmen doch nicht, oder? Seid ein komisches Gespann. Wohin soll es denn gehen?«

»Eigentlich wollten wir zu dir, Wolfram«, lächelte einer der Männer.

»Zu mir? Habt ihr euch auch nicht in der Hausnummer geirrt? – Oder wollt ihr mir die Parkbank streitig machen?« Wolfram nahm eine drohende Haltung an.

»Nein, nein, wir wollen dir nichts streitig machen. Im Gegenteil. Wir möchten dir etwas Gutes tun und dich mitnehmen«, sagte einer der drei.

»Mitnehmen?«

»Lass es dir erklären: Wir stellen – wie du vielleicht schon bemerkt hast – drei Könige dar. Ich bin Caspar, das ist Melchior und der dort ist Balthasar. Wir gehören zu einer kleinen Theatergruppe, die im Nachbarort ein Krippenspiel aufführt. Nun ist in unserem Ensemble ein Hirte erkrankt, und wir suchen jemanden, der die Rolle kurzfristig übernehmen kann. Du scheinst die geeignete Person zu sein.«

Wolfram fuhr sich mit der Hand durch den Stoppelbart. »Ich? Geeignet? Ich habe noch nie auf der Bühne gestanden.«

Melchior schüttelte den Kopf. »Das macht nichts. Du musst nur einen Satz sagen: ›Ach, wie schön ist das himmlische Kind‹.«

Wolfram lächelte verlegen. »Das soll ich sagen? ›Ach, wie schön ist das himmlische Kind‹?«

Balthasar nickte.

»Welches Kind?«

»Nun, das göttliche Kind in der Krippe«, klärte Melchior ihn auf.

Wolfram staunte: »Ach, es handelt sich um was Frommes? In der Bibel bin ich nicht so bewandert wie auf den Straßen hierzulande.«

Caspar wehrte ab. »Musst du auch nicht. Dein Stichwort ist ›Kommt!‹«

»Welches Stichwort?«

»Der Engel fordert die Hirten von Betlehem auf, ihm zu dem Stall zu folgen, in dem der Heiland der Welt geboren ist«, erläuterte Balthasar. »Er sagt: ›Kommt!‹ Wenn die Hirten das Kind erblicken, rufst du: ›Ach, wie schön ist das himmlische Kind.‹«

Wolfram begann zu kichern. »Das geht nicht.«

»Und warum nicht?«

»Ich muss bestimmt lachen.«

»Du wirst nicht lachen, Wolfram«, sagte Melchior ernst, »es ist ein erhabener und großer Augenblick.«

»Und ihr meint, ich könnte den Satz auswendig lernen?«

»Im richtigen Augenblick wirst du ihn auswendig wissen«, nickte Caspar feierlich.

»Zudem musst du ihn nicht umsonst sagen.« Wolfram spitzte die Ohren. »Nein? Was kriege ich denn dafür? Eine warme Mahlzeit?«

Die Könige sahen sich an und lächelten. »Wir dachten eigentlich an mehr«, sagte einer von ihnen.

Elektrisiert fuhr Wolfram hoch. »So? An was denn?«

Caspar hob den Zeigefinger. »Das soll eine Überraschung werden. Du wirst zufrieden sein.«

»Gut. Ich mache mit. Ich muss nur meine Siebensachen zusammensuchen.«

»Lass nur, Wolfram«, sagte Caspar. »Die Plastikkoffer brauchst du jetzt nicht mehr.«

»Und nach dem Spiel?«

»Du erhältst ein edles Gewand und wirst nie mehr frieren«, nickte Balthasar. »Aber nun komm!«, drängte Melchior.

Wolframs Gesicht verklärte sich. Ein merkwürdiger Glanz lag in seinen Augen, so, als sähe er durch die Welt hindurch und Dinge, die er noch nie in seinem Leben geschaut hatte. Beglückt schloss er die Augen. So fanden ihn die Menschen.

»Wer von Ihnen hat den Stadtstreicher als erster entdeckt?«, fragte der Polizist und zückte sein Notizbuch.

»Ich war auf dem Weg zur Frühschicht und kam an

der Bank vorbei«, meldete sich ein Mann. »Da sah ich ihn – erfroren.«

»Hat jemand den Mann gekannt?«, fragte der Polizist in die Runde.

»Nicht direkt.«

»Sondern?«

»Er war ja eine stadtbekannte Persönlichkeit«, antwortete Frau Krämer. »Saß mal hier, stand mal da. Er gehörte sozusagen zu unserem Alltag.«

»Es fehlte etwas, wenn er mal nicht da und andernorts auf der Walz war«, warf der Frühschichtler ein.

Frau Gebhardt schnäuzte sich. »Er kam immer wieder zurück. Bei uns hat er sich am wohlsten gefühlt.«

»Wenn Sie ihn alle so gut gekannt oder gar geschätzt haben – wieso musste er hier erfrieren?« Der Polizist blickte die Menschen fragend an.

»Wer konnte denn ahnen, dass der Winter so hart würde?«, jammerte Frau Krämer. »Siebzehn Grad! Bei solchen Temperaturen scheucht man keinen Hund vor die Tür.«

Der Frühschichtler meldete sich: »Wissen Sie, man denkt ja so wenig über solche Menschen nach. Was für ein Schicksal sie gehabt haben. Was sie auf die Straße trieb und so. Wenn man darauf kommt, ist es meist zu spät.«

»Da sagen Sie mir nichts Neues«, bejahte der Polizist. »Gewöhnlich ist immer irgendwo irgendetwas zu spät.«

Ein Kind schob sich leise in die Runde der Erwachsenen. »Wolfram sieht so seltsam aus. Als ob er lächelt.«

»Zurücktreten, bitte!«, rief der Polizist. »Das ist kein Anblick für Kinder.«

»Als ob er im Traum etwas gesehen hätte«, meinte Frau Gebhardt und beugte sich über das Gesicht, und der Frühschichtler fügte hinzu: »Und der Traum hat ihn mitgenommen in eine andere Welt.«

»Jemand ist vorbeigekommen und hat gesagt: ›Wolfram komm!‹«, sagte das Kind, das sich in den Kreis gedrängt hatte.

»Und ich habe gesagt, das ist kein Anblick für Kinder«, raunzte der Polizist.

»Ich werde heute Abend zum Krippenspiel gehen, im Nachbarort«, nickte das Kind. »Ich freue mich schon darauf.«

Niemand antwortete. Das Gesicht des erfrorenen Stadtstreichers zog sie in ihren Bann und ließ sie nicht mehr los.

Möge das Weihnachtsfest
an das Tor
deiner Kindheit rühren.

Irischer Segenswunsch

Klaufizibus und das Kind

Nachdem die Hirten gegangen und Josef und Maria mit dem Kind allein waren, kam eine leichte Müdigkeit über die Heilige Familie. Josef nickte auf dem Holzklotz, auf dem er saß, ein, die Mutter Gottes hielt das Jesuskind mit geschlossenen Augen im Schoß und dachte an die liebenswürdigen Gäste, die die halbe Nacht und bis zum Morgengrauen ihre Aufwartung an der Krippe gemacht hatten, – da pochte es wild so an die Stalltür, dass der Riegel aus der Halterung zu Boden fiel.

»Nanu, wer wird denn jetzt noch kommen?«, brummte Josef und erhob sich, um zum Eingang zu gehen. In diesem Augenblick sprang die Tür auf und ein kleines, verwegen dreinschauendes Männchen stand auf der Schwelle.

»Guten Abend«, sagte Josef.

»Der gute Abend wird dir vergehen, wenn du erfährst, wen du vor dir siehst«, antwortete das Männchen böse.

»Dieses ist ein friedliches Haus«, entgegnete Josef. »Wenn du also in friedlicher Absicht kommst, tritt ein.«

»Ich – in friedlicher Absicht?«, schrie das Männchen und stampfte mit dem Fuß auf. »Du scheinst wirklich noch nichts von mir gehört zu haben.«

»Was ist denn dort für ein Lärm an der Tür?«, fragte Maria und hielt die Hand über die Augen, denn gefangen in dem Licht, das von dem Kind ausging, konnte sie nicht erkennen, was in der Dunkelheit an der Tür vor sich ging.

»Wir haben Besuch, Maria«, antwortete Josef, »aber der Herr ist offensichtlich missgestimmt.«

»Wie kann man denn in Nähe des göttlichen Kindes missgestimmt sein?«, fragte die Gottesmutter.

Das kleine, verwegene Männchen stampfte abermals mit dem Fuß auf und rollte die Augen. Kennt ihr mich denn wirklich nicht?«, rief es.

Josef trat einen Schritt zurück und musterte den erregten Gast. »Du hast dich ja nicht vorgestellt. Wenn du uns deinen Namen sagst, können wir vielleicht etwas mit dir anfangen.«

»Mit mir anfangen? Da bleibt mir doch die Spucke weg! Ich bin der Räuber Klaufizibus!«

»Angenehm«, sagte Josef und wies auf die Krippe im Stall. »Das ist meine Frau Maria, und das Kind in ihrem Schoß ist Jesus.«

»Klau-fi-zi-bus!«, wiederholte das Männchen und fuchtelte mit einem Säbel vor Josefs Gesicht herum.

»O, ich bin nicht schwerhörig, auch wenn ich nicht mehr jung bin«, lächelte Josef. »Aber nun komm herein. Die Morgenluft ist frisch, und du holst dir womöglich den Tod.«

»Den Tod, den Tod werdet ihr euch holen!« schrie Klaufizibus, »denn ich habe vor, euch zu töten, um an eure Schätze zu kommen!«

»Schätze? Wir haben keine Schätze«, sagte Maria sanft. »Unser einziger Schatz ist dieses Kind.«

Mit zwei, drei Sprüngen war Klaufizibus bei der Gottesmutter. Er schlich um sie herum und musterte sie misstrauisch. »Halte mich nicht für beschränkt«, flüsterte er heiser. »Ich habe genau beobachtet, wer hier ein- und ausging. Es waren eine Menge Leute da. Und sie haben Geschenke gebracht.«

»So nimm sie dir«, sagte Maria. »Schau, dort liegen sie: zwei Schaffelle, ein Eimerchen voll Milch, zwei runde Bauernbrote, ein dickes Stück Ziegenkäse und etwas Butter.«

»Mehr nicht? Kein Geld? Kein Gold?«

»Nein.« Maria schüttelte den Kopf.

»Geh und hole dir die Geschenke, wenn du nicht verzichten kannst«, forderte Josef das kleine, verwegene Männchen auf.

Klaufizibus starrte Josef an. »Das kann ich nicht. Ich bin von Beruf Räuber! – Das kommt von rauben.«

»Du Ärmster«, lächelte Maria.

»Hier musst du nichts rauben, Klaufizibus. Hier bekommst du alles freiwillig«, ergänzte Josef.

Klaufizibus holte tief Luft. »Freiwillig? Das geht nicht! Das ist zu einfach. Sieh!« Er schwang abermals den Säbel und tanzte um die Heilige Familie herum. »Jetzt kann ich dir etwas wegnehmen, denn jetzt hast du Angst vor mir. Wenn jemand Angst vor mir hat, bin ich ein echter Räuber.«

»Wir haben keine Angst vor dir, Bruder Klaufizibus«, sagte Maria, und Josef schüttelte verneinend den Kopf.

Klaufizibus plusterte sich auf wie ein stolzer Hahn. »Ich habe schon viele Menschen auf dem Gewissen.«

»Das glauben wir nicht. Du siehst nicht wie ein Mörder aus«, sagte Maria und sah Klaufizibus voller Mitgefühl an.

»Eher wie ein kleiner Gernegroß«, nickte Josef.

Klaufizibus seufzte. »Gut, dass du nicht ›wie ein Angeber‹ gesagt hast. Das Wort hasse ich!«

Josef legte dem Gast die Hand auf die Schulter, wobei er sich leicht nach vorn neigen musste. »So? Trifft es dich so sehr? Ja, die Wahrheit schmerzt, nicht wahr, Bruder?« Klaufizibus runzelte die Stirn. »Wieso sagst du ›Bruder Klaufizibus‹ und nicht ›Räuber Klaufizibus‹, he? Sind wir etwa miteinander verwandt?«

Maria deutete auf das Jesuskind in ihrem Schoß, von dem so viel Frieden ausging. »In diesem Kind sind alle Menschen verwandt, Bruder Klaufizibus. In ihm werden wir alle Brüder und Schwestern.«

Klaufizibus steckte den Säbel in die Scheide. »Komisch«, seufzte er, »wenn ich dein Bruder bin, du also meine Schwester bist, und dieser Josef da ebenfalls mein Bruder ist – dann bin ich ja arbeitslos!«

»Wieso?«, fragte Maria.

»Ich kann doch meine Geschwister nicht berauben«, sagte Klaufizibus kleinlaut. »Ich muss Feinde haben! Ohne Feinde bin ich brotlos!«

Nun mussten Josef und Maria aber doch lachen. »O, wir hätten schon Arbeit für dich, damit du nicht brotlos wirst«, eiferte Josef sich.

Klaufizibus machte einen Luftsprung. »Wirklich? Was soll ich denn rauben?«

Josef nahm die Axt, die hinter der Tür stand, und reichte sie ihm. »Geh, schlag Holz für das Feuer, damit es das Kind und seine Mutter warm haben.«

Klaufizibus wich zwei Schritte zurück. »Holz soll ich schlagen, Josef? Bin ich dein Holzknecht? Weißt du nicht, wer vor dir steht?«

»O ja«, nickte Josef, »ein Angeber!«

Klaufizibus schüttelte sich, als habe er einen Liter Essig getrunken. Maria stand auf und legte ihm behutsam das Kind in den Arm. »Ist es nicht herzallerliebst, Bruder Klaufizibus?«

Dem kleinen Männchen, das nun gar nicht mehr verwegen aussah, rannen zwei Tränen in den Bart. Doch da er keine Hand frei hatte, um sie verstohlen wegzuwischen, sagte er: »Das kommt vom beißenden Rauch des Feuers, versteht ihr?«

Josef und Maria verstanden nur zu gut. »Komm, Klaufizibus«, sagte Josef gutmütig, »da du mein Bruder bist, wollen wir alles brüderlich teilen. Du kannst in einer Ecke des Stalls schlafen. Morgen früh bekommst du zuerst ein anständiges Frühstück, wie es sich für Männer geziemt, und dann spucken wir beide in die Hände und holen eine Fuhre Holz. Anschließend sehen wir weiter.«

»Ich tue es nicht für dich, Josef, bestimmt nicht für dich«, brummte Klaufizibus und sah voller Räuberliebe auf den schlafenden Jesus in seinem Arm. »Ich tue es nur für die Mutter – und das Kind.«

Die Liebe des Sohnes
und den Frieden Gottes, des Vaters,
mit dir!

Irischer Segenswunsch

Melechs später Weg zur Krippe

Melech trat zornig auf den lehmigen Boden, in seinen Augen funkelten Tränen. »Unverschämtheit«, schimpfte er. »Weil ich der kleinste unter den Hirten bin, haben sie mich zurückgelassen. Die anderen gehen frohgelaunt nach Betlehem, um den Messias zu sehen. Warum müssen immer die Kleinen zurückstecken?«

Melech blickte zum Himmel auf, der sternenübersät war. So klar und weit wie heute war der Himmel selten über den Hirtenfeldern.

»Unverschämtheit!«, wiederholte Melech. »Ich könnte diesen Boas vierteilen! Macht sich noch über mich lustig und sagt: ›Sing den Schafen ein Wiegenlied vor, dann wird es dir nicht langweilig.‹ Und stößt mir in die Rippen und macht sich mit den anderen davon.«

Melech erschrak. Was hatte er da gesagt? Vierteilen? Das hässliche Wort tilgte er schnell aus seinem Wortschatz. Nein, in dieser Nacht konnte er nichts Böses denken, geschweige tun. Er dachte an den Engel, der vor einer halben Stunde plötzlich vor den Hirten gestanden hatte. Mann, hatten sie sich erschrocken! So mir nichts, dir nichts erschien er mit einem Male vor den verschlafenen Hirten. Jerobeam, der doch sonst immer den Mund so voll nimmt, versteckte sich ausgerechnet hinter mir, dem kleinen Melech. Aber dann war es plötzlich mit der Angst vorbei. »Fürchtet euch nicht! Ich verkünde euch eine große Freude!« Das war ein Wort, das Wunder wirkte. Nein, niemand verspürte mehr Angst. Alle waren im Herzen so glücklich und ausgefüllt, vor allem, nachdem der Engel von der Geburt des Heilandes, des Messias in der Stadt Davids erzählt hatte! »Dieses Glück lasse ich mir nicht nehmen«, sagte Melech, während er seinem Hirtenhund das Fell streichelte, »auch wenn die anderen gleich aufgebrochen sind und mich hier zurückgelassen haben.«

Melech fuhr herum. Jemand hatte ihn an der Schulter berührt. Im ersten Augenblick sah er nur in eine Flamme aus Licht. Es war eine Helligkeit, die seinen Augen nicht schmerzte, sondern warm in sein Herz floss. Je länger Melech in das Licht sah, umso deutlicher erkannte er die Umrisse einer kleinen Gestalt. »Wer bist du denn?«, fragte Melech, »fast hättest du mich erschreckt.«

»Ich bin ein Engel«, sagte die Lichtgestalt.

»Ein Engel? Du? Vorhin habe ich einen gewaltigen Engel gesehen. Groß und leuchtend wie Feuer. Aber du?«

»Ich bin ein kleiner Engel, so wie du ein kleiner Hirt bist.«

Melech maß die kleine Gestalt mit den Augen. »Haben sie dich auch nicht mitgenommen?«

Der Engel schüttelte lächelnd den Kopf. »Ich bin zurückgekommen.«

»Zurückgekommen?«

»Ja, Melech. Ich sah, dass du traurig warst, weil du nicht mitgehen durftest in den Stall von Betlehem. Dabei soll sich doch alle Welt freuen! Da wurde mein Herz schwer.«

Melech staunte: »Und du bist wirklich meinetwegen hier?«

»Ja, Melech. Eigentlich sollte ich jetzt mit den anderen Engeln singen und musizieren. Doch ich habe mich heimlich aus dem Staub gemacht.«

»Bist du getürmt?«, rief Melech überrascht.

»Nicht gerade getürmt. Ich habe fest an dich gedacht – und jetzt bin ich hier.«

»So einfach ist das?«

»Ja«, nickte der kleine Engel, »so einfach. Ich glaube aber nicht, dass mich die anderen vermissen werden. Der kleine Stall ist jetzt voller Menschen, die den Messias sehen wollen. Deine Brüder sind auch dabei.«

»Sie haben mich einfach hiergelassen«, maulte Melech. »Ich muss auf die Herde aufpassen.«

Der kleine Engel lächelte. »Ich werde dafür sorgen, dass du auch zum göttlichen Kind in der Krippe kommst.«

»Wirklich? Wie willst du das denn anstellen, kleiner Engel?«

»Lass mich nur machen, Melech.« Der kleine Engel klopfte Melech vertrauensvoll auf die Schulter. Melech spürte, wie ihm heiß wurde. »Hab' Vertrauen! Ich lasse dich nicht im Stich.«

Melech schloss selig die Augen, und als er sie wieder öffnete, war der Engel verschwunden. Habe ich geträumt?, fragte sich der kleine Hirte.

Aber da stürmten seine Brüder den Berg herauf, Jerobeam vornweg, hinter ihm Mose, Boas und Simson.

»Ein solches Kind habe ich noch nie gesehen!«, rief Jerobeam. »Melech, du hast echt etwas verpasst.«

»Und seine Eltern! Maria und Josef sind ein hübsches Paar!«, schwärmte Boas.

»Nun kriegt euch mal wieder ein«, murrte Melech. »Erst lasst ihr mich hier, und dann malt ihr mir die

Begegnung mit dem Messias in den herrlichsten Farben aus.«

»Einer musste nun mal bei der Herde bleiben«, rechtfertigte Mose die Entscheidung der älteren Brüder.

»Ausgerechnet der Kleinste! Und wenn ein Wolf gekommen wäre, was dann?«, ereiferte sich Melech.

»In einer solchen Nacht kommen keine Wölfe«, meinte Jerobeam großspurig.

»Mein Gott!«, rief Simson und schlug die Hände vor's Gesicht. »Wir sind die größten Esel! Wir haben dem Kind kein Geschenk mitgebracht, nicht einmal ein Stück Käse oder einen Krug voll Milch!«

Die Brüder starrten sich wortlos an.

»Einsicht ist der erste Schritt zur Besserung«, trumpfte Melech auf. Er erntete strenge Blicke der anderen Hirten.

»Wir müssen zurück!«, sagte Boas entschieden. »Die Schande dürfen wir nicht auf uns sitzen lassen.«

»Jetzt, Boas? Der Tag dämmert herauf, und die Herde wird unruhig.«

»Ich spüre meinen Ischiasnerv«, jammerte Jerobeam. »Noch einmal werde ich den Weg nicht schaffen.«

»So schicken wir Melech«, entschied Simson. »Melech hat die jüngsten Beine. Hast du verstanden, Bruder?«

»Ich bin ja nicht taub«, erwiderte Melech und tat, als sei er von dem Vorschlag überhaupt nicht begeistert, obgleich es in Wirklichkeit in ihm jubelte und triumphierte.

»Mose, pack Käse und Brot in den Korb, und du, Simson, fülle ein Krüglein Milch ab«, befahl Boas. »Wenn Melech sich gleich auf die Reise begibt, kann er bei Sonnenaufgang in Betlehem sein.«

»Ob Melech den Weg zum Stall findet?«, fragte Mose besorgt.

»Und ob ich ihn finde!«, rief Melech. »Schließlich habe ich einen treuen Begleiter!«

»Wen?«, riefen Jerobeam, Mose, Boas und Simson wie aus einem Munde.

Melech lachte und sah den kleinen Engel vor sich, wie ihm seine Lichtgestalt den Weg wies zum göttlichen Kind in der Krippe.

Möge dein Herz
sich im Licht der Krippe verwandeln
und dem göttlichen Kind
eine würdige Heimstatt geben.

Irischer Segenswunsch

Johannes vom »Hirtenäckerle«

*W*enn ich es recht bedenke, war Johannes ein Krippenbegeisterter. Heute würde man ihn Krippenfan oder Krippenfreak nennen, was zeigt, dass Johannes schon leblang mit Krippen beschäftigt war und dass er die modernen Veränderungen der Worte und Begriffe überlebt hat. In der Tat liebte Johannes seit Kindertagen nichts mehr als Krippen. Wenn andere Kinder im schneereichen Winter sich mit ihren Schlitten auf die Rodelbahn stürzten und die Wiesenhänge hinab glitten, saß er in seinem kleinen Zimmer und bastelte einen Stall von Betlehem nach dem anderen. Die ersten Exemplare fielen noch recht bescheiden und linkisch aus. Es war Krieg, es gab kaum Bastelpapier, geschweige buntes Zellophan für die Ausschmückung der Fenster. Ein paar Bögen Sperrholz hatte Johannes noch auftreiben können und auch eine Laubsäge, die hütete er wie seinen Augapfel.

Mit den ersten Krippen überraschte Johannes seine Eltern und Geschwister. Auch seine Freunde bedachte er, aber bei denen ließ das Interesse schon bald nach. Eine Krippe stellte er für das Schwesternhaus seiner Heimatgemeinde her und eine für das benachbarte Altenheim. Im Laufe der Zeit verfeinerte Johannes seine Techniken. Auch vergrößerte er die Heilige Familie. Josef und Maria und das herzallerliebste Jesuskind bildeten die Kerngruppe, umringt von einigen Hirten mit ihren Schafen. Auch die Engel im Gebälk vergaß er nicht. Und natürlich machten sich rechtzeitig auch die Heiligen Drei Könige auf den Weg, um am 6. Januar pünktlich an der Krippe zu erscheinen. Mit den Jahren schickte Johannes jedoch auch ortsbekannte Persönlichkeiten in den Stall von Betlehem: den Herrn Bürgermeister, einige Gemeindemitglieder, selbstverständlich auch den Herrn Pfarrer und sich selbst – als Messdiener. Inzwischen reichte der Platz für die Krippen in Johannes' Zimmer nicht mehr aus, und selbst wenn er jedes Jahr einen Teil verschenkte und vielen besonders älteren Menschen eine Freude damit machte, häuften sich die Krippengebäude, die Ställe, die Brunnen und Zäune und das Kleinvieh, das neben den Schafen und ein paar wettergebräunten Ziegen auch nicht fehlen durften, und forderten ihren Platz. Mit den Jahren sprach sich die Krippenbegeisterung des Johannes auch in den Nachbargemeinden herum. Es kamen Kindergartenkinder, Jugendgruppen, Jungfrauenverbände und Müttervereine, um die Krippenlandschaften anzusehen. Denn inzwischen hatte Johannes die ganze obere Etage seines Hauses einzig dem Stall von Betlehem und seinen Bewohnern vorbehalten und auch einen Holzschuppen ausgeräumt und seiner Leidenschaft geopfert. Der Bürgermeister, ein schlauer Fuchs, witterte die Chance, die Krippen noch mehr in das Bewusstsein und damit in den Blickfang der Öffentlichkeit zu rücken mit dem Ziel, immer mehr Besucher in das abgelegene Dorf zu locken. Wer hier einen halben Tag oder noch länger verbrachte, musste essen und trinken und suchte eine Gelegenheit, sich in angenehmer Atmosphäre auszuruhen. Der Sonnenwirt frohlockte. Der Bürgermeister schlug dem Gemeinderat sogar vor, ein eigenes Krippenmuseum einzurichten und Johannes zum Kustoden zu ernennen. Johannes freute sich über diese Wertschätzung. Endlich kamen seine Krippen in würdigem Rahmen zu Ehren, doch was ihn noch mehr freute, war, dass er den Besuchern beim Rundgang den Sinn des Weihnachtsevangeliums erschließen konnte. Denn mit den Jahren wussten längst nicht mehr alle Menschen, was sich einst Weihnachten ereignet hatte und welche Botschaft ursprünglich damit verbunden gewesen war. Das kleine Krippenmuseum entstand vor dem Ort in einer eigens dafür ausgestatteten Scheune, an einem Feldweg, der noch keinen Namen hatte. Einige Mitglieder des Gemeinderates schlugen vor, den Ort »Schafsweide« zu nennen, denn unweit der Stelle befand sich im Sommer der Weidegrund für die pelzigen Tiere. Doch Johannes wandte ein, dass die Schafe ohne ihre Hirten ja eigentlich eine verlorene Gesellschaft darstellten und man das Augenmerk also mehr auf ihre Beschützer und Betreuer richten solle. So fand auf seine Anregung der Name »Hirtenäckerle« bald allgemeinen Zuspruch.

»Bei dir ist jetzt das ganze Jahr Weihnachten«, sagten die Menschen, die Johannes aufsuchten und sich von ihm die Krippenlandschaften zeigen ließen. Johannes lächelte, er bediente den Brunnen, der Wasser aus der Tiefe schöpfte, er ließ den Bach durch die Wiesenlandschaft rieseln und den Stern hoch über dem Stall funkeln und glitzern. Er hatte mit viel Mühe auch eine mechanische Krippe gebaut. Josef und Maria beugten sich über das Kind, das in seiner Kippe die Ärmchen auf und ab bewegte, und die Eltern nickten sich alle Augenblicke freundlich zu, als wollten sie sagen: Was haben wir doch für ein herzallerliebstes Kind. Der Esel schlug mit dem Schwanz und der Ochs öffnete sein Maul, als wolle er sich eine ganze Fuhre Heu einverleiben. Die Hirten waren nicht musikalisch, sie standen betreten um die Krippe herum und staunten das Jesuskind an. Die kleinen Engel aber oben in den Dachsparren spielten auf ihren Flöten und Geigen eine Melodie, die Johannes von einem Tonband zu Gehör brachte, aber so, dass niemand es mitbekam. In den Sommermonaten wurde es im Krippenmuseum still. Im Sommer stand den Menschen nicht der

Sinn nach Weihnachten. Dann beschäftigten sie sich in ihren freien Stunden mit anderen Dingen, gingen baden, wandern, erfreuten sich der aufgeblühten Natur. Johannes aber fand endlich Zeit, neue Krippen zu bauen und Reparaturen an denen vorzunehmen, die im Laufe der Jahre in Mitleidenschaft gezogen worden waren. Mit der Zeit hatte er es sich zur Gewohnheit werden lassen, bestimmten Krippenfiguren seine besondere Aufmerksamkeit zu schenken. So lange er selbst noch ein junger Mensch gewesen war, galt dem Jesuskind seine Vorliebe. Er verwandte viel Sorgfalt darauf, es aus weichem Lindenholz zu schnitzen oder aus dem Ton der Tongrube zu formen, es festlich zu kleiden und zum Mittelpunkt des Stalls werden zu lassen. In reiferen Jahren fühlte er mehr mit den Eltern, wie sie sich um ihr Kind sorgten und sich mühten, ihm eine warme Krippe in der armseligen Umgebung zu verschaffen. Johannes stellte sich vor, er sei Architekt und müsse den Stall von Betlehem in ein halbwegs wohnliches Umfeld verwandeln. Die Krippe gegen ein Bett auszutauschen verstieß gegen die Regel, auch konnte er das Heu und Stroh, auf dem das Kind lag, nicht durch eine Daunendecke ersetzen. Doch er stellte eine Wickelkommode in die Ecke und einen Tisch mit zwei Stühlen daneben, damit Maria und Josef nicht unentwegt an der Krippe knien und anbeten mussten, sondern auch mal sitzen und sich ausruhen konnten.

Johannes dachte sich auch neue Gaben aus, die die Hirten mit zur Krippe brachten, damit etwas Abwechslung in den Haushalt der Heiligen Familie kam. Brot, Milch und Käse gehörten zur Grundnahrung, daran kam man nicht vorbei, doch wie wäre es mit ein paar

Leberknödeln und einem Schmorbraten oder einer Terrine Kartoffelsuppe? Johannes stellte sich außerdem vor, wie das Kind größer und größer wurde und schließlich zu laufen begann, und bevor es als Zwölfjähriger im Tempel zu Jerusalem verloren ging, sicherlich auch gern mit gleichaltrigen Kameraden Fußball spielte. Also bastelte er einen kleinen Ball und legte ihn ans Fußende der Krippe. Mit solchen Überlegungen verbrachte Johannes die Zeit, und das Museum wurde allmählich zu einer gewaltigen Krippenschau mit tausend gelungenen Überraschungen.

Nur den Heiligen Drei Königen getraute er sich nicht, neue Geschenke mit auf den Weg zu geben. Gold, Weihrauch und Myrrhe waren angestammte Attribute mit tiefem Sinn, daran durfte nicht gerüttelt werden, auch wenn sich heutzutage kaum jemand noch etwas unter Myrrhe vorstellen konnte. Einmal hatte jemand von »Gold, Weihrauch und Möhren« gesprochen – und Johannes hatte gelächelt.

Je älter Johannes wurde und seine Kräfte schwinden sah, umso mehr wandte er sich den Engeln zu. Einer von ihnen würde eines Tages seine Seele zum Himmel geleiten – doch welcher es war, das wusste er natürlich nicht. Also galt seine Fürsorge allen himmlischen Boten, den großen wie den kleinen, die in den Krippenlandschaften zu Hause waren. Ja, war es nicht so, dass sie sich hier wirklich wie im zweiten Himmel fühlten? Denn keiner von ihnen war seiner Aufgabe überdrüssig und machte Anstalten, den Stall von Betlehem vorzeitig zu verlassen und in die sonnigen Gefilde der Ewigkeit zurückzukehren. So jedenfalls schien es Johannes.

Johannes liebte die Engel, und da er ihnen alle Aufmerksamkeit schenkte, liebten sie auch ihn. Er stellte sich vor, welche Bedürfnisse ein Engel wohl hätte, wenn er schon entfernt von Gottes Thron seine Tage verbringen musste. Er polierte ihre kleinen Musikinstrumente, besserte ihre zerschlissene Kleidung aus, kämmte ihnen das blonde Engelhaar und zog auch mal den Rotstift über ihre weißen Lippen.

Doch die Geschichte lehrte, dass auch die Engel nicht für alle Zeit im Krippenmuseum bleiben würden, sondern eines Tages, wenn die Heilige Familie zur Flucht nach Ägypten genötigt war, in den Himmel zurückkehren mussten. Dieser unaufschiebbare Anlass wäre auch für ihn der willkommene Zeitpunkt, mit dem irdischen Leben abzuschließen und sich Gottes schützenden Armen anzuvertrauen. Doch wann dieser Aufbruch stattfinden würde, wusste Johannes nicht. Einer von den Engeln, die hier um ihn versammelt waren, musste Josef im Traum erscheinen und ihn vor den Nachstellungen des Königs Herodes warnen. Das war das Signal zum Aufbruch – doch noch hatte Josef nicht geträumt.

Johannes wandte sich in seinen Gedanken also ganz den Engeln zu. Das Kind in der Krippe gedieh, die Eltern litten inzwischen keinen Mangel mehr, denn die Besucher, die in den Stall von Betlehem gekommen waren, hatten sich spendabel gezeigt und die Familie mit allem Nötigsten versorgt. Nun durfte Johannes an sich und seine Wünsche denken, und sein sehnlichster Wunsch zielte auf einen Ruheplatz im Himmel hin. Den Weg dorthin aber musste ihm von einem Engel gewiesen werden, von einem der vielen, die im Krippenmuseum eine vorübergehende Heimat gefunden hatten.

Doch nur von einem? Ein Mensch, der sein ganzes Leben dem Stall von Betlehem gewidmet, der die Menschen mit der Weihnachtsbotschaft wieder vertraut gemacht hatte, dem würde Gott doch einen triumphalen Einzug in den Himmel nicht verwehren! Und so war es auch. Als das Krippenmuseum letztes Jahr einen Tag vor dem ersten Advent zur angekündigten Öffnungszeit geschlossen blieb und der Bürgermeister schließlich nachschauen ließ, was da wohl geschehen sei, fand man Johannes mitten in der Krippenlandschaft auf einem Stuhl sitzend – tot. Auf seinem Gesicht lag ein friedliches Lächeln. Was die Menschen aber noch mehr in Erstaunen versetzte, war, dass alle Engel des Museums verschwunden waren, selbst die kleinsten und unauffälligsten, die unter den Dachsparren geschlafen hatten.

Gott schenke dir
ein kindliches Herz,
damit du
das Geheimnis von Betlehem
begreifst.

Irischer Segenswunsch

Der Glaube, der Autos versetzt

Das Kind drückte seine Nase an der Schaufensterscheibe platt. Mit großen neugierigen Augen stand es vor der trennenden Glasfront und blickte in Gedanken versunken auf das blaue Auto auf der Drehscheibe. Der Lack des Wagens glänzte im Schein der milchig-weißen Wintersonne.

Einen solchen Wagen wünsche ich meinem Daddy, dachte der Junge. Er quält sich den ganzen Tag für Ma und mich, sticht einen Torfbrocken nach dem anderen aus dem Moor, und fällt abends, wenn er nach Hause kommt, vor Erschöpfung und Müdigkeit fast aus den Holzpantinen. Warum muss er sich so plagen, während andere Väter in solchen Autos spazieren fahren?, überlegte der Junge. Er war klein, gerade sechs Jahre alt, sein Gesicht war bleich wie der Wintertag. Ein paar rötliche Locken kringelten sich um seine Stirn. Ich möchte, wünschte er, dass mein Daddy auch einmal hinter dem Steuer eines solchen Wagens sitzt.

Das Kind freute sich auf Weihnachten. Dann kommt Jesus. Weihnachten ist der Tag, an dem ich einen Wunsch aussprechen darf, einen Wunsch, der in Erfüllung geht. *Einen* Wunsch wird man doch haben dürfen an Christmas, ohne als unverschämt zu gelten, oder nicht?

Der Junge schob die Unterlippe vor und grübelte. Wenn ich nun gar nichts für mich wünschte, rein gar nichts für mich, sondern nur für meinen Daddy, der sich abstrampelt und müht und so selten eine Freude hat? Wenn ich nun darum bitten würde, dass Gott morgen, wenn er Kind wird, meinem Vater diesen Wagen schenkt? Ich glaube, guter Gott, dass du das kannst, wenn du willst, und du willst doch, weil du mich lieb hast und ich dich lieb habe … Ich glaube ganz fest daran, dass dieses blaue, glänzende Auto am Weihnachtsmorgen in unserem Häuschen steht. Ich glaube ganz fest, ganz fest, hörst du, du kleiner Jesus, ganz fest glaube ich! Meine Adresse kennst du ja. Das einsamste Haus auf Dingle, drei Meilen vor Slea Head, am Hang des Mount Brendon. Dass du mich aber bitte nicht enttäuschst, verstehst du? Daddy hätte diese Enttäuschung nicht verdient. Er ist sehr zuverlässig. Jedermann schätzt ihn wegen seiner Zuverlässigkeit. Ich möchte dich auch so schätzen können, kleiner Jesus, du Kind in der Krippe. Denn du bist gewiss ebenso zuverlässig wie mein Vater. Nun, du enttäuschst meinen Vater nicht, hm? Um mich geht es ja nicht, damit wir uns richtig verstehen. Es geht ausschließlich um meinen Vater, den ich lieb habe.

Der Kleine zog die Nase hoch. Er starrte noch immer unverwandt auf den blauen, chromleistenverzierten Wagen. Und bündelte seinen Wunsch in einem Gebet. –

Wenn ich wenigstens einen PC hätte, dann ginge die Arbeit etwas schneller voran. Aber ob auch in diesem Fall … Kommissar Roy Curtain saß über einer Schreibmaschine. Es war ein altes Gerät. Das Gesicht, das sich in angestrengtem Eifer über die Tastatur beugte, zeigte rötliche Flecke auf Wangen und Stirn.

Mit einem PC ginge es flotter, gewiss. Aber wir, am äußersten Ende der Republik, werden ja immer als Letzte bedient. Der Kommissar suchte nach Ausflüchten, um die quälende Langsamkeit seiner Schreibarbeit zu entschuldigen. Doch im Grunde war es nicht mangelnde Schreibübung, sondern die Ungewöhnlichkeit, ja, Sinnlosigkeit des Polizeiberichtes, den er zu Papier zu bringen hatte. Kevin Mac Dunquin, der Chef, nahm es mit Protokollen sehr genau. An diesem würde auch er sich die Zähne ausbeißen. Daran musste Roy Curtain denken, während er eine Taste nach der anderen im Zweifingersystem bearbeitete. Schließlich drehte er den Bogen aus der Walze, lehnte sich fluchend zurück und begann, das Schriftstück nicht ohne Zweifel an seinem Ermittlungsergebnis zu lesen:

Anzeige des Autohändlers John Strongbow:

»In der Nacht zum 25. Dezember verschwand aus den Schauräumen meines Unternehmens in der Enterprise-Street spurlos ein Pkw – Typ, Farbe, Nummer des Fahrgestells. Das Auto war drei Tage zuvor von der Firma Ring & Bells als Vorführwagen für eine im Januar geplante Fahrzeugschau angeliefert worden. Es ist mir unbegreiflich, auf welche Weise der Wagen den Ausstellungsraum und das Betriebsgelände verlassen konnte. Türen und Tore waren verschlossen und unberührt. Zeichen von Gewaltanwendung und Spuren von Beschädigungen wurden nicht festgestellt. Der Wachtdienst hat ausdrücklich versichert, nichts Verdächtiges wahrgenommen zu haben. Auch den Nachbarn ist nichts Ungewöhnliches aufgefallen.«

Roy Curtain kratzte seinen schwarzen Haarschopf, während er das Papier auf die Schreibtischplatte sinken ließ. Die Sache war seltsam, obgleich man sich in Irland über seltsame Dinge nicht wundern darf, noch seltsamer aber war die Aussage, die der Torfstecher Jim O'Malley ihm vorhin stottern am Telefon gemacht hatte. Unmöglich, nein, das gab es nicht, dass sich der bei Strongbow gestohlene Wagen in O'Malleys Haus befinden sollte, mitten im kleinen Wohnzimmer, so dass nicht mal die Tür aufging!

Kommissar Curtain nahm das Blatt, das die mitstenographierte Aussage des Mannes enthielt, zur Hand und überflog es. Unfug! Ein Aprilscherz im Dezember! Und noch am Weihnachtsmorgen dazu! Hätte ich dem O'Malley gar nicht zugetraut, die Polizei so aufs Glatteis zu führen.

Roy Curtain hielt das Blatt zwischen Daumen und Zeigefinger, als handele es sich um einen Bazillenträger, und ließ es leise fluchend zu dem anderen Protokoll auf den Schreibtisch segeln. Trotzdem, er würde der Sache auf den Grund gehen müssen. Er musste zum Haus der O'Malleys hinausfahren und sich persönlich von der Behauptung des Mannes überzeugen! Und Gnade Gott dem Torfstecher, wenn sich sein Telefonbericht als grobe Irreführung der Behörde erweisen sollte …

Jim O'Malley hatte nicht übertrieben. Das Auto war da, stand mitten in dem bescheidenen Wohnraum hinter der Diele! Man musste sich durch den Türspalt zwängen, so wenig Platz blieb zwischen Wand und Karosserie. Roy Curtain rieb sich die Augen, schaute, starrte, fuhr sich mit der Hand durchs Gesicht. Das Bild war echt, veränderte sich nicht. Der blaue Wagen strotzte mitten im Raum.

»So erging es auch mir, heute früh'«, nickte der Torfstecher. »Ich hatte gerade das Feuer in der Diele angezündet und – da sah ich die Bescherung.«

»Fröhliche Weihnachten«, knurrte der Kommissar.

»Wenn ich nur wüsste, wie er hier hereinkommt.«

»Wenn wir das wüssten, bekäme ich jetzt keine grauen Haare«, seufzte der Polizist.

»Durch die Tür wird sich das Auto nicht gezwängt haben.«

»Nein.«

»Und durch die Wände …«

»Deine Wände sind schließlich nicht aus Gummi«, unterbrach Curtain den Hauseigentümer und beklopfte den Stein. Es klang hart und fest.

»Es gab mal einen, der gesagt hat, er könne den Tempel abreißen und in drei Tagen wieder aufbauen, Roy. Aber in einer Nacht …«

Der Kommissar nickte und blickte zur Decke empor.

»So betrunken, dass man dir das Dach über dem Kopf hätte abtragen und das Auto hinunterlassen können, wirst du nicht gewesen sein.«

Der Torfstecher lachte. »Bist noch immer der alte Witzbold, Roy Curtain.«

»Das ist nur Galgenhumor, verstehst du? Ich denke an den Anpfiff, den ich über mich ergehen lassen muss, wenn ich meinem Chef diesen Fall vortrage. – Doch he, Junge, warum drückst du dich so verlegen an der Ecke herum?«

Der Kommissar wandte sich an das Kind, das leise unter die Tür getreten war und ängstlich auf das Fahrzeug blickte.

»Es ist meine Schuld.«

»Deine Schuld? Wie soll ich das verstehen?«

»Ach was, Roy, gib nichts auf das Gerede. Der Junge muss krank sein. Vielleicht hat er Fieber. Hallo, Mary«, rief Jim O'Malley seiner Frau in der Küche zu, »such doch bitte mal das Thermometer. Seit heute früh redet Kevin ein ziemlich konfuses Zeug.«

»So? Was sagt er denn? Vielleicht hat er doch eine Ahnung oder einen Verdacht?« Roy Curtain rückte ein Stück näher an den Jungen heran. »Nur heraus mit der Sprache, mein Freund. Die Polizei beißt nicht.«

Nein, die Polizei biss nicht, obgleich der Kommissar bei jedem Wort, das das Kerlchen sagte, den Mund weiter aufsperrte. Am Ende wusste er nicht, was er von der Geschichte halten sollte. So etwas gab es gewiss nicht, dass ein Auto sich auf Wunsch eines Kindes hin in die Lüfte erhob und, ohne Schaden anzurichten oder Schaden zu nehmen, in einem vier Meilen entfernten Haus niederging. Roy Curtain rieb sich die Augen, wie schon mehrmals an diesem Weihnachtsmorgen. Dunkel entsann er sich einer Legende aus dem Leben des heiligen Malachias, der aus Verärgerung darüber, dass in der Nähe seiner Kirche ein Haus von zweifelhaftem Ruf entstand, Gott um Versetzung des Gebäudes auf ein Eiland bat … Ja, in den Heiligenlegenden kamen solche unerklärlichen Dinge vor. Aber in der nüchternen Welt des Atomzeitalters?

Andererseits, so hieß es, sei bei Gott kein Ding unmöglich. Ja, die Wege des Herrn seien seltsame Wege. Und das Gebet der Kinder, sagte der Volksmund, dringe durch die Wolken …

»Das ist ein Fall für Pfarrer O'Roke«, meinte der Kommissar. »Vielleicht hat er den Schlüssel zu diesem Geheimnis.«

»Nicht für Pfarrer O'Roke«, flehte der Torfstecher. »Der bringt es fertig und fragt beim Bischof an oder beim Papst in Rom, und so lange mag ich den Wagen nicht im Wohnzimmer stehen haben, bis von dort eine Antwort kommt.«

Der Kommissar wiegte den Kopf.

Je länger er darüber nachdachte, umso mehr wuchs die Erkenntnis, dass es sich hier um einen übernatürlichen Vorgang, gleichsam um einen höheren Eingriff in die naturgesetzlichen Abläufe des Lebens handelte, um ein Ereignis gewissermaßen, das einer Klärung höheren Orts bedurfte. Nein, ihm, dem einfachen Kommissar Roy Curtain, stand eine Deutung des Falles nicht zu. Er hatte sich an Tatsachen zu halten, den Tatbestand aktenkundig zu machen, gegebenenfalls den Fall aufzuklären. Aber wo eine Klärung nicht in Sicht oder unmöglich war …

»Tut mir leid, Jim«, der Polizist zuckte bedauernd die Schultern, »vorerst darf im Wohnzimmer nichts verändert werden, bis die Spurensicherung abgeschlossen ist.«

»Wartest du auf einen Daumenabdruck des lieben Gottes oder willst du lieber den Zeigefinger des braven Christkinds nehmen?«, fragte Jim O'Malley boshaft. »Wo soll ich mit meiner Familie bleiben? Soll ich inzwischen in den Kuhstall ziehen?«

Höheren Orts – grübelte der Kommissar, während er das Polizeifahrzeug bestieg und durch den nassen Wintermorgen zur Polizeistation zurückfuhr, höheren Orts wird schließlich alles entschieden. Das trifft für das irdische Leben zu und erst recht für den Himmel. So wie ›die da oben‹ im Polizeipräsidium wohl wissen würden, wie der Fall zu beurteilen sei, so würde Gott erst recht seine Gründe haben, warum er diese Umstände geschaffen hatte. Denn wenn der Glaube Berge versetzt, überlegte der Polizist, warum nicht auch Autos …?

Der Tag des Lichtes ist über uns gekommen,
Christus ist von der Jungfrau geboren.
In seinem Namen sprenge ich das Wasser
auf alle Gegenstände in meinem Gehöft.
Der König der Mächte und Gewalten dort oben
gieße seinen Segen über uns aus.

Irischer Segenswunsch

Streit um Weihnachten

Ein Schrei des Entsetzens ging durch die Lande,
als die Deutsche Bischofskonferenz bei ihrer
Herbstvollversammlung im Jahre 2028 in Fulda hinter
vorgehaltener Hand über den Vorschlag eines Mit-
gliedes der Kommission »Zukunft und Kirche« nachdachte, den zweiten Weihnachtsfeiertag aus der Liste
der kirchlichen Feste zu streichen und damit den Ge-
pflogenheiten einiger anderer europäischer Länder zu
folgen, die schon längst keine zweiten Hochfestfeier-
tage mehr begingen oder sie auch nie eingeführt hatten. Durch ein undichtes Schlüsselloch war der Vorschlag an die Öffentlichkeit gedrungen.

Aus allen Richtungen hagelte es Proteste. »Das kann man mit uns nicht machen«, ereiferte sich die geschlossene Phalanx der Gewerkschaftsvertreter. »Der zweite Feiertag ist ein seit urdenkbaren Zeiten erworbenes Privileg der Arbeitnehmerschaft und somit Gewohnheitsrecht. Heutzutage arbeiten unsere Mitglieder ja ohnedies schon zunehmend für die Katz und immer mehr für die Kassen der Arbeitgeber, um die Konjunktur zu beflügeln, dann soll auch noch die mühsam errungene Tarifvereinbarung über verdiente Mindestfreizeit ausgedünnt werden? Wir sind auf dem besten Wege, die Samstagsarbeit zur Normalität werden zu lassen, wie zu Zeiten unserer Ur-Ur-Ur-Großväter.«

»Da sieht man mal wieder, wo die Kirche steht – bei den Reichen. Das war schon immer so, und das wird auch so bleiben«, argumentierte geschlossen ein Parteipräsidium, dessen Signet farblich zum Weihnachtsbaum passte.

»Dafür gehen wir auf die Straße! Den zweiten Weihnachtsfeiertag lassen wir uns nicht nehmen!«, lautete einstimmig der Tenor der Freizeitmanager. »Was heute mit Weihnachten geschieht, passiert morgen mit Ostern und übermorgen mit Pfingsten. Am Ende haben wir nur hundsgemeine Sonntage, aber keine Feiertage mehr.«

Die Arbeitgeberseite hüllte sich indes noch in Schweigen. Man wolle erst die endgültige Stellungnahme der Deutschen Bischofskonferenz abwarten. Solange die Diskussion innerhalb eines Sitzungssaales schwelge und nicht wenigstens mit einem Statement des Vorsitzenden näher erläutert würde, werde man sich mit jeglicher Kommentierung zurückhalten, hieß es. Kein

Zweifel, dass sich hinter verschlossenen Türen mancher Arbeitgeber verstohlen die Hände rieb und sich insgeheim die Gewinnspanne für die zusätzlichen Arbeitsstunden ausrechnete. Der Umsatz würde es den Bischöfen danken.

Eine auf dem Papier als christlich deklarierte Partei hielt sich ebenfalls noch zurück. Die jüngsten Meinungsumfragen lagen nicht im erhofften Trend. Die sonnigen Jahre einmütiger Wählerzustimmung waren längst vorbei, so wie auch die Zeiten der wie ein geschlossener Block dastehenden Volkskirche der Vergangenheit angehörten. Für die Unionspolitiker war ein düsteres Jahrzehnt angebrochen, seit die »Muslimische Volksbewegung« bei den Bundestagswahlen die Fünf-Prozent-Hürde übersprungen hatte und im Bundestag kräftig mitmischte.

Die übrigen Parteien waren sich uneins. Einerseits konnte politische Geschlossenheit gegen den zweifelhaften Diskussionsbeitrag der Deutschen Bischofskonferenz eine Menge Wählerstimmen bringen, anderseits blieb die Frage offen, wem diese Stimmen letztlich zugute kämen. Die wachsende »Muslimische Volksbewegung« könnte den Wegfall eines kirchlichen Feiertages zum Anlass nehmen, Mohammeds Himmels-Ritt auf seinem Pferd Burak als Ersatzfeiertag zu fordern.

In einer Zeit, in der man von der Kirche ohnehin nicht mehr viel erwarte, mache sie sich noch unbeliebter durch so abwegige Vorschläge, entrüstete sich der Stammtisch. Man sprach vom hohen Freizeitwert der Weihnachtsfeiertage. Lägen der Heiligabend und der folgende erste Feiertag kalendarisch ungünstig, lohne sich der Skiausflug in die Berge nicht mehr, weil der zweite Feiertag fehle. Arbeitsplätze seien in Gefahr, wenn weniger Gäste kämen und Tausende Hotelbetten leer stünden, klagten Vertreter der Gastronomie. Die Deutsche Bahn, die auf immer schlechteren Service mit Preiserhöhungen reagiere, würde an den Festtagen noch mehr Züge streichen und sich auf Kosten der Allgemeinheit gesundschrumpfen, meinten Verkehrsexperten.

Kurz, es gab niemanden, der den Wegfall des zweiten Weihnachtsfeiertages nicht beklagt hätte. Selbst Freigeister und Kirchenkritiker, Glaubenslose und Atheisten priesen plötzlich die Vorzüge dieses Tages, der zusammen mit dem 24. Dezember und dem ersten Weihnachtsfeiertag hervorragend dazu geschaffen sei, häusliche Atmosphäre zu genießen, Verwandte zu besuchen, Freunde einzuladen und besinnliche Stunden zu verbringen. Tatsächlich, das Wort »Besinnung« erhielt plötzlich einen neuen Stellenwert, selbst bei denen, die sich vor lauter wuseliger Geschäftigkeit sonst keine ruhige Stunde gönnten.

Zwei Tage später drangen die Argumente des Kommissionsmitgliedes »Kirche und Zukunft« aus dem Fuldaer Sitzungssaal an die Öffentlichkeit. Ein bescheidener kleiner Weihbischof entschuldigte sich dafür, dass er »laut nachgedacht« und daraus seine Folgerungen gezogen habe. »Sehen Sie, meine verehrten Mitbrüder«, so argumentierte er vor dem Bischofskollegium, »das Fest, das wir am 25. und 26. Dezember feiern, ist *unser* Fest, es ist ein christliches Fest. Wir feiern die Geburt des Gottessohnes. Das Ereignis wird von uns so hoch eingeschätzt und ist uns so viel wert, dass wir es an zwei Tagen begehen. Aber nun frage ich Sie: Wer in unserem Volk weiß denn überhaupt noch, was Weihnachten in seiner Tiefe bedeutet? Die Umfragen offenbaren eine erschreckende Unkenntnis. Wenn ich durch die Straßen gehe, laufen mir Armeen von Weihnachtsmännern über den Weg. Kitschiger Rauschebartersatz hat das Kind in der Krippe verdrängt. Frage ich Jungen und Mädchen nach dem Sinn von Weihnachten, so höre ich: Weil der Weihnachtsmann kommt! Weil der Weihnachtsmann mir Geschenke bringt! Einer faselte sogar etwas vom »Väterchen Frost«! Verzeihen Sie, liebe Mitbrüder, aber ich kann den Kerl mit seinen buschigen Augenbrauen und seiner Zipfelmütze nicht mehr sehen! Die Mitra des hl. Nikolaus – ersetzt durch eine rote Bommelmütze! So weit ist es mit uns gekommen.«

Ein beifälliges Kopfnicken ging durch die Reihen der Bischöfe.

»Nun feiert also alle Welt ein Fest, von dessen Ursprung sie nichts oder kaum noch etwas weiß, auf das sie sich jedoch durch einen wochenlangen Konsumrausch vorbereitet«, ereiferte sich der bescheidene kleine Weihbischof. »Wenn ich ein Fußballstadion aufsuche, erwarte ich, dass zwei Fußballmannschaften gegeneinander antreten und nicht ein Pferderennen oder ein Schwimmwettkampf stattfindet. Wenn ich Weihnachten feiere, muss ich wissen, was es mit diesem Fest auf sich hat. Deshalb meine ich, wir sollten Menschen, die den Ursprung des Festes nicht kennen oder seinen Sinn nicht verstehen wollen, daran hindern, unser Weihnachten zu feiern! Denn Weihnachten ist das Fest der Christen! *Unser* Fest! Alle anderen sind Schmarotzer und Trittbrettfahrer. Nur die Erhabenheit und die Würde der Geschehnisse in Betlehem haben ihnen zwei arbeitsfreie Tage beschert. Doch so, wie da drau-

ßen jetzt mit Weihnachten umgegangen wird, kann
es nicht weitergehen! Deshalb plädiere ich für die Ab-
schaffung des zweiten Feiertages – zur Abschreckung,
oder wenigstens zur Mahnung! Wer Weihnachten
weiterhin so feiert wie die Mehrheit unseres Volkes,
macht sich strafbar an der Botschaft des Engels vom
Frieden und am göttlichen Kind in der Krippe!«
Der bescheidene kleine Weihbischof dämpfte seine
Erregung. Er sah in angespannte Gesichter, die jede
seiner Bewegungen folgten. Dann nahm er ein Taschentuch und betupfte sich die Stirn.
»Ich bitte um ein Zeichen, ob wir die Argumente
unseres Mitbruders diskutieren sollen oder den Kon-
flikt um Weihnachten vertagen«, fragte der Vorsitzen-
de. »Wer für eine Diskussion ist, hebe die Hand.«

Möge der Engel,
der die Botschaft vom Frieden
in die Welt brachte,
an deinem Haus nicht vorübergehen.
Möge das Kind,
das seine Göttlichkeit
unter der Armut verbarg,
in deinem Herzen eine Wohnung finden.

Irischer Segenswunsch

Der Seelsorgeautomat

»Der Besucher wäre nun da«, sagte der Kaplan, nachdem er behutsam geklopft und seinen Kopf vorsichtig durch den Türspalt ins Arbeitszimmer gesteckt hatte.

»Ist er nun tatsächlich da oder wie muss ich Ihre Bemerkung verstehen?«, fragte der Bischof, ein Anflug von Unduldsamkeit lag in seiner Stimme und auf seiner Stirn erschien ein senkrechtes Fältchen.

»Herr Neumarkt ist da, Herr Bischof. Er ist pünktlich. Es ist 11 Uhr.« Der Kaplan wies kurz auf die schwere Standuhr in der Ecke, deren Räderwerk in diesem Augenblick zu rasseln begann. Bevor die dumpfen Schläge verhallt waren, hatte sich der Bischof erhoben und die lederne Briefmappe geschlossen. Er folgt dem Kaplan in das im Erdgeschoss liegende Besucherzimmer. Herr Neumarkt von der Firma Heaven-Development-Business war der Typ eines Vertreters, wie ihn die moderne Zeit gern präsentiert: agil, geschmeidig, von lächelnder Unverbindlichkeit, doch unwiderstehlich in der Argumentation, dezent schwarz gekleidet, als Kontrast eine aufmunternde Krawatte. Ein Mann, der die Produkte, die er vertrat, als unschätzbaren Gewinn anzupreisen verstand. Wer sie nicht besaß, führte sein Unternehmen über kurz oder lang zweifellos in die Insolvenz, wenn nicht in den Konkurs.

Der Bischof war ein alter Mann, sein Rücken gramgebeugt, beladen mit der Last der Verantwortung für das Seelenheil der ihm anvertrauten Menschen. Doch obgleich viele Menschen ihm ihr Seelenheil nicht mehr blind überantworten mochten und ihre Bedürfnisse nach Religiosität lieber mit den flimmernden Angeboten von naiven Selbstfindungsgruppen und obskuren Meditationsseminaren stillten, wurde sein Rücken immer runder. Denn zur Bürde, die ihm der galoppierende Auszug aus der Kirche auf die Schultern legte, gesellte sich noch das drückende Gewicht, das der zum Erliegen gekommene Priesternachwuchs verursachte. Drei Priesterweihen in sechs Jahren – so hieß die erschütternde Bilanz, die zu ziehen es eigentlich keiner bischöflichen Verwaltung mehr bedurfte. Und so war denn die Stelle des Generalvikars längst entbehrlich und die eines geistlichen Leiters der Finanzabteilung schon seit geraumer Zeit überflüssig geworden. Was noch zu verwalten war, oblag einigen Laien, die sich eher aus sachlichem Interesse statt aus christlicher Verpflichtung als Nachlassverwalter betätigten. Und nun stand die Adventszeit vor der Tür, die nach dunklen winterlichen und erwartungsvollen Wochen doch in das strahlende Licht der Christgeburt und der festlichen Weihnachtszeit überleiten sollte. Aber was war an den Gottesdiensten noch festlich, wenn es keine Priester mehr gab, die sie feiern konnten, und sich auch Messdiener, die die Kerzen trugen oder das Weihrauchfass schwenkten, kaum noch finden ließen?

Der Kaplan beeilte sich, Herrn Neumarkt vorzustellen, denn er hatte mit ihm korrespondiert und den Besuchstermin für heute vereinbart, doch Herr Neumarkt schnitt ihm kurzerhand das Wort ab und machte selbst von der Gelegenheit Gebrauch, sich beim Bischof ins rechte Licht zu rücken.

»Sie sind also der Herr, der uns einen angeblich sensationellen Automaten vorstellen will?«, begann der Bischof das Gespräch, nachdem er dem Gast einen Stuhl angeboten hatte.

»Einen sensationellen Seelsorgeautomaten, das haben Euer Exzellenz treffend bemerkt. Unsere Neuschöpfung ist tatsächlich von einer unüberbietbaren Beschaffenheit, die es Euer Exzellenz erlauben wird …«

»Ich bin nur der Herr Bischof – keine Exzellenz«, lächelte der Gastgeber. »Doch fahren Sie fort.«

»Unser Seelsorgeautomat ist für viele Gelegenheiten verwendbar«, ereiferte sich Herr Neumarkt, »sozusagen für fast alle liturgischen Zwecke. Bedenken Sie nur das nicht mehr ferne Weihnachtsfest. Welche Arbeit könnte Ihnen der Automat nicht abnehmen!«

»Was sich noch herausstellen muss«, nickte der Bischof und lächelte gequält. Sein Kaplan fühlte sich aufgefordert, ebenfalls zu nicken und zugleich ein aufmunterndes Lächeln auf seinem breiten Gesicht aufziehen zu lassen.

»Unser Seelsorgeautomat ersetzt viele priesterliche Funktionen, Euer Exze …, Verzeihung, Herr Bischof. Sie können die Ihnen noch zur Verfügung stehenden Kräfte – äh, die verbliebenen Geistlichen – viel effektiver und rationeller einsetzen.«

Der Bischof seufzte, der Kaplan hüstelte, und Herr Neumarkt legte pietätvoll eine kleine Pause ein, doch nicht zu lang, um den beiden potentiellen Kunden keine Gelegenheit zu einem längeren Diskurs über die seelsorgliche Not im Allgemeinen und die des Priestermangels im Besonderen zu geben.

»Wenn Sie gestatten, meine Herren, werde ich Ihnen den Seelsorgeautomaten, das jüngste Prachtstück unserer Entwicklungsabteilung gewissermaßen, nun vorstellen. Ich habe mir erlaubt, ihn draußen, im Vorraum, zu deponieren.«

»Nur herein damit«, nickte der Bischof. »Ich habe mich nämlich schon gefragt, wo Sie das Ding versteckt haben. In der Westentasche hätte es ja wohl keinen Platz, ha, ha.«

Herr Neumarkt erhob sich würdevoll. »Wo denken Sie hin, Exzellenz, pardon, Herr Bischof! Im Zeitalter der Automatisierung verlegen sich zwar viele Erfinder und Konstrukteure auf den Mikrobereich, doch unser Exponat soll ja repräsentativ wirken – wo es doch die priesterliche Gestalt am Altar ersetzt. Stellen Sie sich vor – die Mitternachtsmette an Weihnachten ohne Repräsentanten im Chor!«

Der Bischof räusperte sich, unterdrückte die Widerrede und gab dem Kaplan ein Zeichen. Der Kaplan öffnete die Tür zur Diele und Herr Neumarkt folgte ihm. Er nahm einen schmalen, knapp zwei Meter hohen Gegenstand auf, der in ein weißes Tuch eingehüllt war, und trug ihn in den Empfangsraum.

»Scheint ja ein leichtes Ding zu sein«, bemerkte der Bischof, als er sah, dass Herr Neumarkt den Seelsorgeautomaten allein befördern konnte.

»Wir haben uns gedacht, dass im Zuge vieler Einsparungen in der Kirche möglicherweise auch Küster und Organist nicht mehr zur Verfügung stehen und Aushilfskräfte – meist sind es ja Frauen, die diesen Dienst versehen – sich schwer damit tun würden, einen kompakten Automaten zu bewegen. Wir haben die Funktionen dieses Apparates« – Herr Neumarkt schlug das weiße Tuch zurück und lud mit einer Geste ein, näherzutreten – »auf das Wesentliche konzentriert. Kein unnötiger Schnickschnack, Herr Bischof, dafür eine kinderleichte Bedienung. Übrigens darf ich Ihnen ein Kompliment machen? Sie sind der erste Oberhirte, der an diesem Seelsorgeautomaten sein Interesse bekundet und seine Arbeitsweise zu prüfen bereit ist. Eine kluge Entscheidung, Herr Bischof, und weitsichtig dazu. Wenn wir den Automaten in einer Ihrer Gemeinden getestet haben und Sie zu einem positiven Ergebnis gekommen sind – woran ich nicht zweifle –, könnte er in Serienproduktion gehen. Mit einem Sondertarif für Sie, versteht sich. Er füllt eine echte Marktlücke. Stellen Sie sich vor, welche seelsorgliche Möglichkeiten sich mit ihm auftun …«

»Uns fehlt es an Priestern, das ist richtig. An Seelsorgeautomaten hatten wir bisher keinen Bedarf«, sagte der Bischof kühl und dämpfte damit die Verkaufserwartungen des Vertreters.

Der Kaplan baute Herrn Neumarkt eine Brücke. »Ich könnte mir durchaus vorstellen, dass wir mit diesem Automaten eine akzeptable Zwischenlösung erreichen, Herr Bischof. Als Übergang, gewissermaßen. Vielleicht werden die Zeiten ja wieder besser und der Herr« – der Kaplan blickte zum Himmel auf – »weckt wieder eine stattliche Anzahl von Berufungen.«

Der Bischof war ein realistischer Mann und durch die Freuden und Enttäuschungen vieler Amtsjahre geprägt. Sein Glaube an Wunder war der eines Kleinmütigen. »Wir wollen uns keinen Spekulationen hingeben, Herr Kaplan. Wenn der Herr die Zeit für gekommen hält, werden die Verhältnisse sich vielleicht ändern. Doch jetzt stecken wir in der Misere.«

»Eben!«, rief Herr Neumarkt. »Und bis dahin sollten Sie die Segnungen der modernen Computerindustrie nutzen, Herr Bischof! Er garantiert Ihnen zu Weihnachten bestimmt ein volles Gotteshaus. Was meinen Sie, wie viele Neugierige sich einfinden werden, um …«

»Ich wünsche mir Beter und keine neugierige Menschen«, sagte der Bischof schroff.

Der Kaplan umkreiste den Seelsorgeautomaten in respektvollem Abstand.

»Kommen wir zur Sache«, forderte der Bischof.

Herr Neumarkt murmelte Worte der Entschuldigung, dann schaltete er an einem Relais und einige Lichter flammten auf. »Batteriebetrieb«, erklärte er wichtig. »Ich kann den Seelsorgeautomaten natürlich auch ans Netz schließen. Aber in der Kirche, so dachte ich, macht es sich vielleicht optisch besser, wenn keine Schnüre aus ihm heraushängen.«

»Sie sprechen von ihm, als handele es sich um einen Menschen«, kicherte der Kaplan.

»Ist er es nicht, Herr Kaplan? Schon sein Äußeres kommt ihm sehr nahe. Dazu die priesterliche Kleidung, mit Albe, Stola, je nach Bedarf.«

Der Bischof schluckte, als er das Gerät in Augenschein nahm.

»Der Seelsorgeautomat ersetzt den Menschen, den Priester. Er könnte sogar einen Bischof ersetzen«, fügte Herr Neumarkt, mit einem Blick auf den Oberhirten, hinzu.

»Wovor Gott uns bewahren möge«, seufzte der Bischof. »Also, was kann Ihre Erfindung nun konkret, Herr Neumarkt?«

»Alles, womit Sie den Automaten füttern, Verzeihung, was Sie ihm auftragen. Er kann zum Beispiel segnen. Schauen Sie, Herr Bischof. Hier gebe ich ihm den Befehl dazu ein, und je nach Notwendigkeit fährt ein künstlicher Arm in Schulterhöhe aus ihm heraus und – die Hand am unteren Ende segnet.«

Der Bischof trat näher an den Apparat heran. Seitlich war eine Programmskala in alphabetischer Reihenfolge angebracht. Unter »B« stand z. B. »beten«. Klickte man den Befehl »beten« an, so listete das Display eine ganze Kette von Gebetsgattungen auf: Morgengebet, Abendgebet, Lobgebet, Dankgebet, Bittgebet, Gebet um eine gute Sterbestunde, Gebete zur Mutter Gottes, zu den Engeln und Heiligen, zum Namenspatron, in einem persönlichen Anliegen, in ausweglosen Situationen.

»In einem Wortgottesdienst könnte der Seelsorgeautomat mit der kleinen Gemeinde also beten«, nickte der Kaplan.

Der Bischof wandte sich angeekelt ab. »Das fehlte auch noch, wenn er eine ganze Eucharistiefeier übernehmen würde!«, rief er aus, während er im Besucherzimmer unruhig auf und ab ging.

»In der Theorie wäre das grundsätzlich möglich, Herr Bischof. Aber so weit wollten wir vorerst nicht gehen, einen Seelsorgeautomaten für die Feier der heiligen Messe zu programmieren. Das ginge uns im Augenblick noch zu weit, ja, wäre Amtsanmaßung.« Herr Neumarkt sah den Verkaufserfolg gefährdet und beeilte sich, zu erklären, dass die Funktionen des Gerätes eher auf jene seelsorglichen Dienste ausgerichtet seien, die in der »Collectio Rituum« oder dem »Benedictionale« stünden oder, wenn es gewünscht sei, auf die Spendung einiger Sakramente.

»Wenigstens einen Rest Anstand haben Sie also doch«, beruhigte sich der Oberhirte. »An welche Sakramente dachten Sie denn?«

»Es wäre für unseren Seelsorgeautomaten ein Kinderspiel, im Rahmen eines Wortgottesdienstes am Sonntag die Kommunionausteilung zu übernehmen«, erklärte Herr Neumarkt. Er gab dem Apparat einen Befehl ein und nach einem Summen, das etwa fünfzehn Sekunden andauerte, erschien eine fleischfarbene Hand, die eine Hostie hielt. »Er kann es auf Achttausend in der Stunde bringen«, fügte der Vertreter stolz hinzu.

»So viele Katholiken gibt es nicht einmal mehr in der Bischofsstadt«, klagte der Bischof. »Wir haben durchschnittlich zwanzig bis dreißig Kirchenbesucher im einzigen noch verbliebenen Sonntagsgottesdienst in der Krypta. Haben Sie das nicht bedacht?« Er rief sich die Zeit in Erinnerung – er kannte sie fast nur vom Hörensagen –, als in den vier Sonntagsmessen im Dom jeweils noch zehnmal mehr Kirchenbesucher gezählt wurden und Kommunionhelferinnen und -helfer ihren Dienst taten.

Der Kaplan glühte vor Eifer. »Das erhöht ja gerade die Chance für diesen Apparat, Herr Bischof, verstehen Sie? Man bedient sich – je nach Bedarf.«

»Service am Automaten«, knurrte der Bischof. »Ist die Kirche schon zum Dienstleistungsbetrieb à la Sparkasse geworden?«

Das Angelusläuten unterbrach die Unterhaltung. Dieser Brauch, der für viele eigentlich nur die Mittagspause anzeigte, war merkwürdigerweise erhalten geblieben. Der Bischof senkte für einen Augenblick die Lider, während der Kaplan zum benachbarten Dom hinüberschaute, der seine Konturen im Fensterkreuz abzeichnete. Es war ein schönes Bauwerk, das in den Kunstführern als Sonderheit ausgewiesen wurde, als ein einzigartiges Monument gotischer Sakralbauweise. Das ewige Licht brannte nur noch selten, zum Beispiel in der Zeit um Weihnachten und Ostern, wenn die Kathedrale zur Feier der Liturgie in den Gebrauch der Domgemeinde zurückgegeben wurde. Sonst diente sie als begehrte Bühne für die Aufführungen von Oratorien und herausragenden profanen Musikwerken.

»Sie sollten diesem Seelsorgeautomaten keinen unlauteren Wettbewerb unterstellen«, unterbrach Herr Neumarkt die Stille. »Betrachten Sie ihn als Hilfsangebot. Er ist Mittel zum Zweck. Allerdings zu einem guten Zweck. Auch die Automaten in den Sparkassenräumen ersetzen Menschen. Der Gedanke sollte Ihnen nicht fremd sein. Die Technik macht es Gott sei Dank möglich, dort Abhilfe zu schaffen, wo keine Hilfe in Sicht ist. Was spricht dagegen, dass ein altes Mütterchen mittels dieser Technik den Segen bekommt oder ein Gebet über sich sprechen hört? – Je nach Finanzlage könnte der Service natürlich kostenpflichtig sein.«

»Kostenpflichtig?« Der Kaplan horchte auf. Er witterte eine zuverlässige Einnahmequelle, nachdem doch die Kirchensteuer schon vor Jahrzehnten weggefallen war.

»Ja. Wir haben hier eine Vorrichtung, eine Art Schlitz vorgesehen, schauen Sie nur. Je nach Leistung können Zwanzig- oder Fünfzig-Cents-Stücke oder eine beliebige Zahl Euros eingefordert werden. Für besonderen Service könnte man auch an den Einzug von Geldscheinen denken – etwa bei einer Trauung. In solchen Situationen sind die Menschen spendabel.«

»Wir könnten den Seelsorgeautomaten zu Weihnachten auch neben die Krippe stellen – gewissermaßen

als Maskottchen des göttlichen Kindes in der Krippe.«
Der Kaplan schnalzte mit der Zunge. Der Bischof sah
ihn vorwurfsvoll an.

Herr Neumarkt erkannte seine Chance und pries die
Erfindung in höchsten Tönen. »Der Seelsorgeautomat
kann auch taufen. Ein Wasserreservoir von einem halben Liter ist vorhanden, natürlich angewärmt. Er kann
auch die heilige Salbung vornehmen oder auf die
Erstkommunion vorbereiten.«

»Ich hoffe jedoch nicht, dass er auch beichthört«, donnerte der Bischof los. »Ich glaube nicht, dass er für die
Lossprechungsformel legitimiert ist!«

Der Kaplan ereiferte sich: »Man müsste in Rom anfra-
gen, Herr Bischof. Bedenken Sie die allgemeine Not-
lage. Der Vatikan wird für unsere Situation aufgeschlossen sein, zumal er inzwischen nur noch auf einige
Priester aus der Dritten Welt zurückgreifen kann und
selbst der Hl. Vater ein Neuseeländer ist.«

Der Bischof senkte die Augen. Er dachte an die bevor-
stehende Firmung, die er 29 Kindern spenden würde,
die auf einem Areal von 18 000 Quadratkilometern ver-
streut lebten. Er würde wochenlang unterwegs und
sich seines Erfolges nicht sicher sein. Einmal hatte ein
Firmling ihn für Käpt'n Blaubär gehalten, und zweimal war er mit dem Weihnachtsmann verwechselt
worden, der sich in den Sommer verirrt hatte. Wie
sollte er solchen jungen Menschen von Gott und der
heiligen Familie erzählen oder von der Gnade und
den himmlischen Freuden? Und was vom Geheimnis
der Weihnacht? Die Vergnügungsindustrie hatte alles
im Griff. Es fehlte nur noch, dass der Tod zum Hap-
pening wurde. Der Bischof fühlte sich mit einem Male

verbraucht und erschöpft. »Kann Ihr Ding da auch die Exequien vornehmen?«

»Die was?«, fragte Herr Neumarkt verblüfft.

»Das ist die Liturgie bei einer kirchlichen Beerdigung«, flüsterte der Kaplan dem Gast zu.

»Unter ›E 4‹ finden Sie das entsprechende Programm«, erläuterte Herr Neumarkt das Display. »Soll ich …?«

»Nein, nein, noch ist es nicht so weit«, lächelte der Bischof. Er tröstete sich mit dem Gedanken, dass er immerhin noch einen Kaplan hatte, den er an die Stelle versetzen konnte, wo die Seelsorgefront am heißesten umkämpft war. So lange ihm dieser Trumpf blieb, mochte Herr Neumarkt mit seinem Seelsorgeautomaten dorthin gehen, wo der Pfeffer wächst.

Mögest du immer bedenken,
dass Gott dir in der Gestalt
eines Kindes entgegenkam
und dass du ihm
in Gestalt eines Kindes
willkommen bist.

Irischer Segenswunsch

Herr Becker
und die Plastiktüte

In die Gruppe der Bankkunden, die vor dem Weihnachtsfest vor dem Schalter der Filiale auf ihre Abfertigung warteten, reihte sich unauffällig ein Mann mit einer Plastiktüte. Niemand nahm Notiz von ihm, denn ein jeder schien mit sich selbst beschäftigt zu sein. Als der Mann schließlich vor dem Schalter stand, schob er die Plastiktüte über den Tisch und sagte freundlich: »Bitte, keine Polizei!«

In diesem Augenblick schreckten die Kunden aus ihren Gedanken auf. »Ein Überfall!«, rief jemand, und ein zweiter »Hilfe, Polizei!«

»Lassen Sie die Polizei aus dem Spiel«, sagte der Mann, der die Plastiktüte über den Schaltertisch gereicht hatte, überaus freundlich, doch ein dritter Kunde meckerte den Bankangestellten an: »Warum lösen Sie keinen Alarm aus, Mann?«

»Sind Sie verrückt? Sie bringen uns alle in Gefahr!«, stieß eine ältere Frau kurzatmig hervor. »Bevor Sie den Alarmknopf betätigen, legt er uns um. Vermutlich hat er eine Pistole!«

»Tut hier denn niemand etwas?«, rief jemand anders. »Warum unternimmt der Kassierer denn nichts? Am Ende steckt er mit dem Bankräuber unter einer Decke.«

Der Kassierer lachte auf und sagte: »Nun regen Sie sich mal wieder ab, meine Herrschaften. Die Sache ist ganz harmlos.«

»Sie scheint mir ganz und gar nicht harmlos zu sein«, erwiderte der Herr, der hinter dem Mann mit der Plastiktüte stand. »Am Ende ist das ein abgekartetes Spiel, oder?«

»Nein«, erwiderte der Bankangestellte freundlich und wies auf den Mann, dem die Plastiktüte gehörte. »Herr Becker ist ein Kunde wie Sie.«

»Lässt er sich seine Moneten etwa in diese Plastiktüte auszahlen?«, fragte die ältere Dame besorgt.

Nun ergriff Herr Becker das Wort. »Ich habe durch mein Verhalten gewiss einige Irritationen ausgelöst. Gestatten Sie mir, dass ich die Lage erkläre. Ich habe dem Herrn hinter dem Bankschalter eine Plastiktüte – mit einem Kuchen überreicht.«

Der Kassierer hob den Kuchen vorsichtig aus seiner Hülle.

»Ein Kuchen?«, riefen die Kunden.

»Ja. Ich werde das ganze Jahr über so höflich und zuvorkommend bedient, dass ich mich dafür auf meine Weise bedanken wollte. Ich heiße nicht nur Becker, sondern ich war auch Bäcker, bis zu meinem Ruhestand im vorigen Jahr. Als ich in der letzten Woche Geld abhob, habe ich dem Kassierer gesagt: In den nächsten Tagen komme ich nochmals – mit einer Plastiktüte.«

»Unglaublich!«, sagte ein älterer Herr.

Herr Becker wies auf das Prachtexemplar auf dem Schaltertisch. »Das ist ein Königskuchen mit Mandeln, Rosinen und Zuckerguss. Und dazu habe ich einen Gruß gelegt.«

Herr Becker deutete auf das Couvert, das neben dem Kuchen lag, und der Kassierer nahm die Karte und las laut vor: »Einen herzlichen Dank für Ihre Freundlichkeit, ein frohes Weihnachtsfest und den Segen des Kindes in der Krippe. Für das neue Jahr Gesundheit und Gottes Segen.«

Die Bankkunden sahen sich an und lächelten. »Wer hätte das gedacht«, sagte jemand. »Auf die Lösung wäre ich nie gekommen«, erwiderte ein anderer.

»Nicht von allen Plastiktüten geht Gefahr aus«, nickte der Kassierer. »Dennoch herzlichen Dank für Ihre Aufmerksamkeit.«

Herr Becker lachte. »Vorsicht ist geboten. Es heißt ja nicht jeder Kunde Becker – und ist auch einer.«

Möge das Kind,
das im Stall geboren wurde,
und möge die Jungfrau Maria,
die ihm die Brust gab,
von deinen Wünschen und Hoffnungen wissen
und möge dir himmlische Belohnung
zuteilwerden.

Irischer Segenswunsch

»Weihnachten wird niemals abgeschafft!«

$\mathcal{E}$ ine Radiomeldung brachte sie ins Rollen: Die Diskussion über das Weihnachtsfest, das abgeschafft werden sollte. Es war nur ein kurzer Hinweis, eine »Ente«, wie man später offiziell erklärte, oder ein geschickt lancierter Bericht. Vielleicht wollte ein pfiffiger Redakteur seine Hörerinnen und Hörer testen, ihnen auf den Zahn fühlen, wer weiß. Es gab eine Menge Wirbel, nicht nur unter den Hörern, sondern auch in der Redaktion. Ob der Redakteur seinen Job verlor, entzieht sich unserer Kenntnis. Doch zunächst löste die Nachricht »Weihnachten wird abgeschafft« erheblichen Wirbel aus. –

Ausgerechnet Achmed, der Straßenkehrer bei der städtischen Müllabfuhr, der mit seinem Besen die Bordsteinkanten entlangfuhr und schon früh auf den Beinen war, sorgte für die Verbreitung der Hiobsbotschaft.

»Hast du schon gehört?«, fragte er eine Frau, die vor Tagesanbruch auf dem Weg zum Markt war, »Weihnachten wird abgeschafft.«

»Abgeschafft? Das könnte euch Moslems so passen! Ist es nicht genug, dass ihr überall eure Moscheen baut? Jetzt rückt ihr auch schon den christlichen Festen zu Leibe?«

»Kam heute um sechs im Radio«, bekräftigte Achmed.

»Das kann ich nicht glauben«, ereiferte sich die Frau. »Weihnachten gehört zum Leben. – Andererseits, der Wegfall würde mir eine Menge Arbeit ersparen. Jedes Jahr dieses Hin und Her, was man schenken soll. Jeder hat doch fast alles. Und dann dennoch die unzufriedenen Gesichter. Man kann es niemandem recht machen. – Also, wenn Weihnachten denn abgeschafft würde – ich hätte nichts dagegen.« Die Frau eilte durch die Dezemberkälte zum Markt.

Die nächste Person, auf die Achmed stieß, war ein übereifriger Beamter, der gern befördert werden wollte und schon vor der offiziellen Dienstzeit auf dem Weg ins Büro war. »Weihnachten wird abgeschafft!« rief Achmed ihm zu.

»Damit mussten wir rechnen«, nickte der Beamte. »Irgendwie muss die Pflegeversicherung ja bezahlt werden. Erst der Buß- und Bettag, dann Pfingsten, Ostern, jetzt Weihnachten …, über 50 Prozent der Menschen leben im Pensions- und Rentenalter. Sie haben Anspruch auf Leistungen, die ohne Mithilfe der Gesellschaft nicht aufzubringen wären. Der Staat ist bankrott!«

»Aber die Sonntage lassen wir uns nicht nehmen!«, rief Achmed, der Straßenkehrer.

»Die Sonntage? Schön, das aus deinem Munde zu hören. Ich wundere mich, dass ihr nicht längst die Sonntage abschaffen und dafür freie Freitage fordern wollt, ihr Moslems!«

»Freier Sonntag ist besser«, schmunzelte Achmed. Warum, darüber hüllte er sich in Schweigen.

Auch ein Politiker war schon früh unterwegs. Immerhin standen Kommunalwahlen ins Haus, und die Umfragen deuteten auf ein Kopf-an-Kopf-Rennen mit dem Konkurrenten hin.

»Immer fleißig, Achmed, was?«

»Ja, Achmed ist immer fleißig. Er braucht mehr Geld für die große Familie. Demnächst arbeitet Achmed auch an Weihnachten.«

»So hat sich die Nachricht also schon herumgesprochen?«, wunderte sich der Politiker. »Da hat mal wieder jemand zu laut gedacht, fürchte ich.«

»Habe Radio gehört«, sagte Achmed.

»Zwei Tage Mehrarbeit – das schlägt sich im Haushaltsbudget gewinnbringend nieder.«

»Für Gehälter und Diäten«, lachte Achmed und zeigte mit dem Fausthandschuh auf den Politiker.

Der Arzt war schon beizeiten auf dem Weg zu einem Patienten. Er parkte sein Auto am Straßenrand, den Achmed gerade bearbeitete.

»Früh auf den Beinen, Doktor, guten Morgen!«, grüßte Achmed und lüftete seine Schildmütze.

»Ich hab's eilig. Notfall! In diesen dunklen Tagen sind die Menschen besonders anfällig. Erkältungen, Grippe, Depressionen. Ihnen kann das ja nicht passieren, was? Sie arbeiten winter- und sommertags in der frischen Luft. Sie sind abgehärtet.«

»Weihnachten wird abgeschafft«, sagte Achmed unvermittelt.

»Was?« Der Arzt überlegte kurz. »Auch nicht schlecht«, sagte er. »Was bedeutet denn Weihnachten noch? Es wird zuviel gegessen und getrunken. Manchem bekommt die Weihnachtsgans nicht. Und viele Menschen ersticken sozusagen an ihrer Einsamkeit. Letztes Jahr Weihnachten – ich hatte Bereitschaftsdienst – wurde ich am späten Heiligabend mit der Feuerwehr zu einem Patienten gerufen, der sich vom Dach seines Hauses zu stürzen drohte.«

»Warum?«

»Familienstreit. Die Frau war ihm weggelaufen. So ist das heute.«

»Armes Weihnachten«, sagte Achmed.

»Ja, armes Weihnachten. Ein Tag, der seinen normalen Gang geht, ist nicht so aufregend wie das so genannte Fest des Friedens. Guten Morgen.«

Achmed schwang wieder seinen Besen. Merkwürdig, dachte er, die Menschen scheinen geradezu erleichtert zu sein, dass Weihnachten ausfällt.

Der Briefträger machte entgegen den Gewohnheiten seiner Kolleginnen und Kollegen in Achmeds Straße schon früh seine Runde.

»Leidest du auch an Depressionen?«, fragte Achmed.

»Wie kommst du darauf?«, wunderte sich der Briefträger.

»Wenn ich dir sage, dass Weihnachten abgeschafft wird, wirst du dann schwermütig?«

»Weihnachten wird abgeschafft? Juchhe! Das ist die Nachricht des Jahres! Endlich hört die Schlepperei auf!« Der Briefträger deutete auf die vollen Taschen an seinem Fahrrad. »Was meinst du, wie oft ich in der Vorweihnachtszeit mit Muskelkater nach Hause komme! Diese Briefstöße! Jeder meint, er müsse Freunden und Verwandten Weihnachtsgrüße senden. Ist doch eine Farce. Denkt dabei überhaupt mal jemand an uns, die Briefträger?«

Ob ich es wohl noch erlebe, dass sich jemand auf Weihnachten freut?, überlegte Achmed.

Der Fabrikinhaber kam vom Joggen zurück. »Guten Morgen!«, grüßte Achmed.

»Keine Zeit, keine Zeit! Ich muss bis Weihnachten noch eine Extra-Lieferung fertigstellen!«

»Sie müssen sich nicht so beeilen«, lachte Achmed. »Weihnachten wird abgeschafft!«

»Abgeschafft? – Verbindlich?«

»Ja, der Rundfunk hat die Meldung in den Frühnachrichten verbreitet.«

»Gott sei Dank! Dann brauche ich mich mit der Produktion ja nicht zu übereilen. Jedes Jahr dieser Termindruck! Man will sich den Auftrag ja nicht entgehen lassen, von wegen der Konkurrenz, verstehen Sie? Und den größten Gewinn macht doch das Finanzamt. – Weihnachten wird abgeschafft! Prima! Das ist eine gute Nachricht! Da, trinken Sie einen Glühwein auf mein Wohl!« Der Fabrikbesitzer drückte dem Straßenkehrer ein Geldstück in die Hand und joggte nach Haus.

»Achmed ist Mohammedaner! Achmed trinkt keinen Alkohol!«, rief der Straßenkehrer ihm nach, doch der Mann hörte es nicht mehr.

Der Forstbeamte stoppte mit dem Wagen an der Ampel. »Ihnen sage ich die Neuigkeit nicht, Herr Oberförster!«

»Ich bin nicht Oberförster, sondern Förster. Welche Neuigkeit?«

»Dass Weihnachten abgeschafft wird!«

»Weih …, ab … – das erste, was ich höre.«

»Erschüttert die Nachricht Sie denn nicht?«, staunte Achmed.

»Erschüttern? Warum?«

»Tannengrün hat doch etwas mit Weihnachten zu tun, oder Weihnachten mit Tannengrün. Oder irre ich mich?«

»Nein! Aber wie viele junge Fichten und Tannen bleiben der Natur jetzt erhalten. Der deutsche Wald erwirtschaftet ja ohnedies kaum seine Kosten, geschweige einen Gewinn. Bei der Konkurrenz aus dem Ausland! Exoten sind gefragt, immer weniger einheimische Bäume. Ich habe nichts gegen den Wegfall der Feiertage.«

Die Ampel sprang auf grün, der Förster brauste davon.

»Du machst ein Gesicht wie sieben Tage Regenwetter«, sagte das Kind. Es war von hinten unbemerkt an den Straßenkehrer herangetreten, der sich einen Augenblick, auf seinen Besenstiel gestützt, ausruhte und in die nun heller werdende Straße hinunterblickte.

»Ich habe heute morgen mit vielen Christen gesprochen«, sagte Achmed, der Moslem. »Und ich bin traurig, weil sich niemand auf Weihnachten freut.«

»Ich habe es gehört«, nickte das Kind, »Weihnachten soll abgeschafft werden.«

»Macht es dich auch traurig?«, fragte der Straßenkehrer.

»Es ist das schönste Fest, das ich kenne.«

»Wegen der Geschenke?«

»Weißt du denn nicht, was Weihnachten bedeutet?«, wunderte sich das Kind. »Gott kommt als Kind zu uns! Das ist so schön. Das kann man nicht beschreiben.«

»Ich weiß nicht so genau, was Weihnachten ist«, erwiderte Achmed. »Aber mir tut es leid, dass Christen so oberflächlich von Weihnachten sprechen. Als ob das Fest keine Seele mehr hätte.«

»Keine Seele?«

»Ja. Alles, was man gern hat und das man verehrt, muss eine Seele haben.«

»Wir haben in der Schule jedes Jahr ein schönes Krippenspiel aufgeführt. Ich durfte zweimal einen Engel und einmal die Maria spielen.«

»Könnten wir die Seele wiederfinden?«, fragte Achmed leise.

Das Kind zuckte die Schultern. »Wenn überhaupt, dann könnten es vielleicht wir Kinder.«

»Und wie, meinst du?«

»Ich möchte alle Kinder in meiner Straße zusammenrufen. Und die Kinder in der Straße sollen die Kinder in der ganzen Stadt zusammentrommeln. Und die Kinder in der Stadt sollen Briefe schreiben und die Kinder in anderen Städten und im ganzen Land auffordern, sich für Weihnachten einzusetzen. Weihnachten darf nicht abgeschafft werden! Nie! Hörst du? Niemals!«

»Das ist ein Wort!«, begeisterte sich Achmed.

»Willst du mir dabei helfen?«, fragte das Kind. »Du kehrst doch in vielen Straßen der Stadt.«

»Was soll ich tun?«

»Du könntest von Weihnachten singen, lieber Straßenkehrer. In allen Straßen und Gassen sollst du singen: ›Weihnachten wird niemals abgeschafft!‹«

Achmed schwang seinen Besen und stimmte laut an: »Weihnachten wird niemals abgeschafft!«

Mögen Friede und Freude
die ersten sein,
die die Klinke deines Hauses
am Weihnachtsmorgen
niederdrücken.
Glückseligkeit werde
zu deinem Haus geleitet
durch das Licht von Weihnachten.

Irischer Segenswunsch

Das Geschenk des Himmels

»Ich erkenne auf den ersten Blick, was in der Schachtel ist – Pralinen!« Gerd Kroll machte sich nicht die Mühe, die rosa Schleife abzustreifen. Er verkniff es sich, das Weihnachtspapier, in das sie eingewickelt war, aufzureißen und achtlos zu Boden zu werfen. Denn nach dieser Geringschätzung des Geschenkes seiner Patin war ihm wohl zumute. »Einfallslos und alltäglich«, sagte er bitter und warf die Pralinenschachtel achtlos unter den Weihnachtsbaum.

Seine Frau sah ihn bestürzt an. »Warum so ein Aufhebens wegen der Pralinen, Gerd? Ich verstehe dich nicht. Tante Frieda ist neunundachtzig. Viele Menschen in ihrem Alter wissen schon gar nicht mehr, dass sie einen Neffen haben – weil sie geistig nicht mehr ganz auf der Höhe sind und im Altenheim nur von ihren Wehwehchen sprechen.«

Gerd Kroll winkte ab. »Das begreifst du nicht, Franziska. Das hat etwas mit Bildung und Einfallsreichtum zu tun, und Tante Frieda hat sich ihr ganzes Leben lang für einen besonders gebildeten Menschen gehalten. Wenn ich daran denke, wie sie uns ihr Wissen demonstriert hat … Gerade ihre geistige Rüstigkeit entschuldigt nicht ihr Verhalten. Sie hat nur ein Patenkind – und das bin ich!«

Frau Kroll musste unwillkürlich lächeln. »Du – und Kind. Auf einmal möchtest du ein beschenkter Lausbub sein, was? Ja, Weihnachten ist wirklich das Fest der Sentimentalität, in dessen Verlauf erwachsene Männer wieder zu Kindern werden.«

Gerd Kroll holte erst einmal tief Luft, bevor er antwortete. »Du siehst das völlig falsch! Ich hatte von Tante Frieda eben mehr Geschmack erwartet, verstehst du? Einen Kasten Pralinen schenkt man seiner Putzfrau oder dem Schornsteinfeger, von mir aus auch dem Briefträger am Heiligabend, aber mir …«

Franziska Kroll löschte die Kerzen am Tannenbaum. »Lass es gut sein«, sagte sie leise. »Ich hatte mir den Abend ein wenig anders vorgestellt.«

»Ich mir auch«, schmollte der Mann. »Aber Tante Frieda hat mir die gute Laune verdorben. Weißt du, Franziska, das ganze Jahr über habe ich Rücksichten zu nehmen. Das verlangt allein der Beruf. Aber einmal möchte ich auch etwas Aufmerksamkeit erwarten dürfen, ein wenig Sensibilität für Wünsche, die ich habe, ein Stück Entgegenkommen. Tante Frieda hätte ja nicht persönlich in die Stadt gehen und ein sinnvolles Geschenk aussuchen müssen, – dafür sind schließlich die Schwestern da, das Pflegepersonal.«

Franziska Kroll schüttelte den Kopf. »Hast du eine Ahnung«, sagte sie leise, während sie den Tisch für das Abendessen deckte. »Ich mache dir einen Vorschlag, Gerd. Vergiss die Pralinen und kümmere dich um den Wein.«

»Einverstanden«, nickte Gerd Kroll, »aber damit mich das unsinnige Geschenk nicht länger unter die Augen kommt, werde ich es gleich weitergeben – an die Asylanten, die seit letzter Woche im Haus gegenüber wohnen.«

Er griff nach der Pralinenschachtel, und noch ehe seine Frau etwas erwidern konnte, war er an der Haustür. Da fiel ihm ein, dass er wenigstens einen Gruß dazuschreiben sollte. Er nahm eine vorgedruckte Weihnachtskarte, auf der seine Adresse verzeichnet stand, und zückte den Kugelschreiber. »Bin gleich zurück«, rief er seiner ungläubig dreinblickenden Frau zu. – Etwa eine Stunde später schellte es an der Haustür. In die Verwunderung, wer am Heiligabend wohl den Frieden des Hauses zu stören wage, mischte sich Überraschung, als Gerd Kroll sich der Asylantenfamilie gegenübersah.

»Entschuldigung, wir nicht möchten stören«, sagte der Vater.

»Das tun Sie doch nicht. Frohe Weihnachten!«, lächelte Gerd Kroll gequält.

»Ja, Weihnachten, frohes Fest«, nickte die Frau. »Fest wird froh für uns. Wir fanden wunderschöne Pralinenschachtel vor der Tür.«

»Nicht der Rede wert«, beeilte sich Gerd Kroll zu sagen, um nicht wieder an Tante Frieda erinnert zu werden. »Was sind schon ein paar Pralinen.«

»Großherzig, danke, Geschenk kam für uns überraschend«, freute sich der Vater. »Nicht nur Pralinen, auch kleines Brief, Couvert in Geschenkpapier. Tausend Euro! Mein Herr, Sie echter Weihnachtsengel, ein echter Weihnachtsengel mit einem Geschenk des Himmels …«

Möge Gott
dir Ruhe verschaffen,
damit du
ein gesegnetes Weihnachtsfest
feiern kannst.

Irischer Segenswunsch

Der Hund an der Krippe

Ansprache einer Promenadenmischung

Entschuldigung. Ich will mich nicht aufdrängen. Ich bin nur ein Hund. Ein zugelaufener. Dazu eine Promenadenmischung. Ich schnüffle Jahr für Jahr um die heimische Krippe herum. Nicht aus Hundeneugier. Sondern aus Anteilnahme. Hunde können das. Sie sind treu. Sie bekennen sich zu ihrem Herrn, oder zu Frauchen. Frauchen heißt Maria. Der Name von Herrchen ist Josef. Vor vielen, vielen Jahren, als ich sie kennen lernte, befanden sie sich auf einer langen Reise. Ich wusste noch nicht genau, wohin sie eigentlich wollten. Sie suchten eine Herberge. Eine Pension. Vielleicht ein mittelmäßiges Hotel. Ich streunte um die Häuserecken, hob hier mein Bein, mal da. Schließlich soll man wissen, wo ich gewesen bin. Dann merkte ich, dass sie nirgends unterkommen konnten, weil alles ausgebucht war.

Nur in B. *(hier kann jede Gemeinde ihren Namen eingeben)* hieß es, in B. sei noch eine Herberge frei. Ich bin hinter ihnen her geschlichen. Es war kalt. Und dunkel. Maria und Josef fanden eine Unterkunft. Nicht da, wo Sie denken. Sondern – in einem Stall.

Ställe gibt es überall. In jedem Dorf, in jeder Stadt, auch wenn man sie da versteckt. Städte tun vornehm. Sie bauen lieber herrschaftliche Häuser und Prachthotels. Aber ein Zimmer in einer solchen Luxusherberge ist für Herbergssuchende wie Maria und Josef unerschwinglich. Damals, zu ihrer Zeit, gab es noch kein Sozialhilfegesetz. Oder Mietbeihilfe, und wie das alles heißt. So übernachteten sie in einem Stall, obgleich Maria ein Kind erwartete. Sie gebar es auf einem Lager aus Stroh und legte es in eine Krippe, die mit Heu ausgepolstert war.

Ich war Zeuge. Auch wenn ich nur eine Promenadenmischung bin. Ich durfte dabei sein, als der Sohn Gottes auf die Welt kam. Das habe ich natürlich nicht gleich begriffen. Schließlich bin ich nur ein Hund. Aber der Esel, der an der Krippe stand, hat noch weniger verstanden. Der machte nur immer »i-a«, »i-a«, als ob er nicht bis drei zählen könnte. Und das Rind, das auf der anderen Seite der Krippe angepflockt war, schien auch nicht besonders helle zu sein. Es war eben dumm wie eine Kuh. Aber es strahlte viel Wärme aus. Dabei wiederkäute und mahlte es das Heu in seinem Maul zu Brei.

Als ich sah, dass das Kind zur Welt gekommen war und Maria es in dünne Tücher wickelte, bin ich davongerannt. Einmal vor Freude. Mein Schwanz rotierte wie ein Propeller, so aufgeregt war ich. Dann aber auch, weil ich dachte, du musst etwas auf die Beine stellen. Du musst für warme Kleidung sorgen, damit der Kleine nicht erfriert, und etwas zum Essen organisieren.

Ich flitzte durch die Stadt. Eigentlich ist B. ein großes Dorf. Nichts los. Nur streunende Artgenossen. Doch plötzlich kamen mir Leute entgegen. Sie hatten alles Mögliche im Arm: Kleider, Decken, eine Flasche Milch, einen Schinken, selbstgebackenes Brot und einen Batzen Käse. Die Menschen sahen so fröhlich aus, das konnte ich trotz der Dunkelheit sofort bemerken, und sie erzählten fortwährend von dem Engel, der ihnen erschienen war und sie mit dem Friedensgruß begrüßt hatte. Aber das Wichtigste hätte ich fast vergessen: Der Bote des Himmels hatte ihnen gesagt, dass der Heiland der Welt, Gottes Sohn, in einem Stall geboren sei und in einer Krippe auf Stroh und Heu liege.

Sie kamen alle, die Bauern, die Tagelöhner, die Handwerker, die Hausfrauen und natürlich die Kinder. Die Kinder durften um Mitternacht aufstehen. Ein gewaltiger Stern mit einem leuchtenden Schweif hatte sie aus ihren Träumen geweckt. Auch die Kranken konnten sich plötzlich erheben, die Traurigen lachten, die Arbeitslosen verloren ihre Scheu und mischten sich unter die anderen, von denen – unter uns gesagt – mancher ganz schön aufschneidet und angibt mit dem, was er besitzt. Alle Menschen waren plötzlich eine große Familie.

Die Schafe, die hatten es gut. Die waren auf der Weide gewesen und gehörten neben den Hirten zu den ersten Zeugen der Geburt. Früher habe ich ja das eine oder andere Schaf ins Bein gezwickt. Das machte so richtig Spaß, wenn ich sie aufscheuchte und davonjagte. Aber jetzt, nachdem das Jesuskind unter uns war, hatte ich alle Freude daran verloren. Es war ein unbeschreibliches Glück, das uns alle umfing, Menschen und Tiere, ja, selbst die blöde Kuh, die den Logenplatz neben der Krippe hatte.

Ich, der Hund, die Promenadenmischung, zwängte mich natürlich immer wieder durch die Beine der Bauern und Hausfrauen, um Maria ganz nahe zu sein, die sehr erschöpft war. Der gute Josef schwitzte wegen der vielen Arbeit, obgleich ihm die Gäste eifrig zur Hand gingen. Ich rieb meine Schnauze an seinem Bein. Da sah er auf mich herab und sagte: »Ja, ja, du guter Struwwelpelz.« Ich habe mich noch näher ange-schlichen und auf den Boden geduckt. So konnte ich aus der Nähe alles sehen, was sich ereignete.

Tagelang habe ich es dort ausgehalten. Ich wurde nicht hungrig, nicht müde. Das Kind in der Krippe mit sei-nen ausgebreiteten Armen ließ mich nicht los. Es schien alle gleichzeitig anzuschauen, die zu ihm kamen, und alle gleich lieb zu haben. Die Mutter Gottes kniete oft in Gedanken und Gebeten versunken neben der Krip-pe, hielt die Hände gefaltet und blickte unverwandt auf ihr Kind. Und der liebe Josef sah aus wie ein Hei-liger, der vor lauter Glückseligkeit nicht weiß, wo ihm der Kopf steht.

Ich habe nie gehört, dass der Jörg die Flöte gut spielen kann. In der Schule verwechselte er meist die Griffe und stieß Misstöne aus. Seine Lehrerin hat ihn manch-mal ausgeschimpft. Jetzt aber musizierte er mit den Engeln um die Wette, und seinem einfachen Instru-ment entschwebte eine himmlische Melodie nach der anderen. Der alte gichtkranke Bauer aus der Wald-siedlung, der schon seit drei Jahren kein Bein mehr bewegen kann, kniete ohne Schmerzen an der Krippe, sein Enkelkind im Arm, und staunte über das Wun-der vor seinen Augen.

Eines Tages rumorte es im Dorf. Man hörte fremd klingende Laute, Stimmen, die ich nie gehört hatte. Man tuschelte sich zu, es sei eine Zirkusgruppe ein-getroffen, die vor dem göttlichen Kind akrobatische Kunststücke vollführen wolle. Aber nein! Das waren keine Zirkusleute, sondern drei weise Männer, die von weit her kamen und Kronen auf ihren Häuptern tru-gen. Einer von ihnen war schwarz! Sie hatten eine Rei-he Diener bei sich und ein Tier, das besaß zwei Höcker wie riesige Beulen von Bienenstichen, aber die taten ihm nicht weh. Vor diesem Tier habe ich zunächst einmal Reißaus genommen! Darauf sagte der Bernd: »Pfarrers Promenadenmischung ist aber ein Kamel!« Ihr müsst wissen, dass der Herr Pfarrer mich schließlich adoptiert hat. Aber wer das Kamel ist, weiß ja jeder, der heute die Krippe in B. besucht.

Wenn ich die Könige aus der Nähe betrachte, so muss ich sagen: Die haben auch mal bessere Tage erlebt. Ihre Kleidung ist schon etwas zerschlissen, es gibt Flecken, sogar ein paar kleine Löcher. Aber ich glaube, darauf kommt es gar nicht an, wie man äußerlich aussieht. Sondern, wie das Herz, die Seele ist. Die verarmten Könige legen mit ernsten Gesichtern jedes Jahr ihre Geschenke an der Krippe nieder. Ein Kästchen voll Gold, ein Schälchen mit so gut duftendem Weihrauch und die bittere Myrrhe – vor der ziehe ich lieber den Schwanz ein, die mag ich nicht. Leider haben sie nie einen Knochen bei ihren Gaben. Wer denkt schon an einen Hund, der zudem noch eine Promenadenmischung ist?

Von meinem Liegeplatz sehe ich nun Jahr für Jahr, wer zur Krippe in B. kommt. Ich habe Menschen erlebt, die so klein waren wie Babys und heute alte und greise Frauen und Männer sind. Viele von denen, die der Krippe regelmäßig einen Besuch abstatteten, leben schon im Himmel. Dort sind sie mit dem göttlichen Kind für immer und nicht nur in der Weihnachtszeit vereint. Das stelle ich mir wunderschön vor. Wenn Kinder hierher kommen, freue ich mich natürlich am meisten: Die Kleinen auf dem Arm ihrer Mütter und Väter, die Erstkommunionkinder mit ihren Eltern, die Messdienerinnen und Messdiener, die Kindergarten- und Schulkinder. Kinder streicheln mir manchmal über das Fell. Dann stehe ich auf und stupse sie freundschaftlich an mit meiner Schnauze. Davon ist meine Nasenspitze schon ganz weiß geworden, wie ihr bemerken werdet, wenn ihr genau hinschaut.

Aber seht nicht mich, sondern das Jesuskind an. Deshalb seid ihr ja hier. Und kommt nur ja recht häufig wieder. Stellt euch zu den Hirten und Königen, die schon manches Jahr auf dem Buckel haben und doch nicht in Rente gehen. Betet zu Jesus wie Maria, die Gottesmutter, und wie der hl. Josef und wie der alte gichtkranke Mann, der seine Schmerzen vor innerem Glück nicht mehr spürt. Vielleicht übt ihr auch ein paar Musikstücke ein wie Jörg, dem die Töne nur so aus der Flöte perlen. Der Engel hoch oben über der Krippe freut sich darüber und scheint vor Begeisterung ein bisschen zu tanzen. Er ist der Friedensengel mit einer Botschaft, die für alle Tage der Welt gelten soll: Ehre sei Gott in der Höhe und Friede den Menschen auf Erden … –

Übrigens, wenn eines Tages doch jemand einen Knochen für mich mitbrächte, würde ich ihn in aller Bescheidenheit annehmen und ihm dankbar sagen: Vergelt's Gott …

Ihr Hund an der Krippe von B., die Promenadenmischung.

Die Reisebekanntschaft

Drei Männer trafen sich zufallsweise
im gelben, glühenden Wüstensand.
Sie berochen einander und begrüßten sich leise
und kamen sich vor wie schon lange verwandt.

Der erste gab an, den Stern zu suchen,
der jede Nacht hoch am Himmel stand.
Den zweiten hörte man heimlich fluchen,
weil er statt des Sterns nur die Sternschnuppe fand.

Der dritte entfaltete alte Papiere,
die stammten noch aus Elijas Zeit.
Sie berieten sich lange und bestiegen die Tiere,
denn der Weg nach Jerusalem war noch weit.

Herodes, der Fuchs, hieß sie herzlich willkommen,
dann zog er die Pilger still beiseit.
Er heuchelte Großmut, er mimte den Frommen
und schenkte zum Abschied ein Königskleid.

Sie sollten nur ziehen, das Kind zu ehren,
er käme später, um es zu sehn
und um seinen Ruf als König zu mehren.
– Der Stern blieb hoch über Betlehem stehn.

Die Weisen schüttelten ihre Köpfe,
das ging nicht mit rechten Dingen zu.
Da standen sie nun wie verirrte Tröpfe,
das Gesicht voller Staub und Sand im Schuh.

Bis sie begriffen, verging eine Weile.
Das war wohl ein ganz besonderer Fall.
Sie waren geritten Meile um Meile
und sahen nur einen armseligen Stall!

Der erste fühlte sich wie verkauft.
Der zweite rief, er habe es gleich gespürt.
Der dritte hat sich den Bart gerauft
und geschrien, der Stern habe sie
an der Nase herumgeführt.

Erst als sie traten auf die schmale Schwelle,
Gold, Weihrauch, Myrrhe in der heißen Hand,
das Licht sie traf in ungeahnter Helle
– da haben sie das Kind im Stall erkannt.

Das Schaukelpferd

Das Schaukelpferd protzte mitten im Schaufenster. Es machte sich sehr breit und erdrückte förmlich die anderen Spielsachen, die ihm aber gern den Vorrang ließen, denn es war ein wirklich schönes hölzernes Tier, ein Schimmel, ganz weiß, mit schwarzen Hufen und rotem Sattel. Das Zaumzeug glänzte wie poliert, und die Mähne schimmerte wie echtes Haar.

Herr Putifar ging vor dem Schaufenster auf und ab, machte ein paar Schritte nach rechts, bewegte sich nach links, blieb schließlich stehen, überlegte, schien unschlüssig und nahm die Wanderung wieder auf. Fünfundachtzig Euro – kein Pappenstiel, nein, aber auch ein ungewöhnlich schönes Weihnachtsgeschenk für die Kinder, eine wirkliche Überraschung. Wenn das Schaukelpferd unter dem Weihnachtsbaum stände …

Herr Putifar gab sich einen Ruck, die fünfundachtzig Euro drückten auf einmal nicht mehr so sehr. Der Gedanke an die Freude der Kinder an Weihnachten schob Einwände und Vorbehalte sanft beiseite … Er betrat das Spielwarengeschäft und ließ sich das Schaukelpferd reservieren. Bis Ende November. Dann würde er wiederkommen und es abholen.

Putifar ging, gelöst, glücklich, einer Sorge enthoben. Er sah im Geist die strahlenden Kinderaugen und stellte sich vor, mit welcher Freude sie das ungewöhnliche Weihnachtsgeschenk unter dem Tannenbaum in Besitz nahmen. Es war Mitte Oktober.

An einem Tag im Dezember steuerte ein gut gekleideter und wohlhabender Herr auf das Spielwarengeschäft zu. Sein Schritt war fest und zielstrebig, sein Wunsch eindeutig. »Ein Schaukelpferd?«, lächelte die Verkäuferin, nachdem der ihr bekannte Kunde sein Begehr vorgetragen hatte. »Wissen Sie, Herr Doktor, eigentlich müsste ich ›jein‹ sagen. Wir haben zwar noch ein bildschönes Schaukelpferd auf Lager, aber ein anderer Kunde hat es reserviert. Oder sollte ich sagen: Er *hatte* es zurückstellen lassen. Es sind zwei Wochen über die Zeit. Nun, vielleicht hat er es sich anders überlegt, ist ihm etwas dazwischen gekommen. Wissen Sie was? Ich gebe Ihnen das Pferd.«

Der gut gekleidete Herr lächelte. Er stellte sich die Freude der Kinder unter dem Weihnachtsbaum vor und zückte die Brieftasche.

Herr Putifar erschien am dritten Adventssonntag, ein wenig verlegen, ein wenig linkisch. Er habe es sich lange überlegt, sagte er, ob er sich die fünfundachtzig Euro noch abzwacken könne. Er sagte wirklich »abzwacken«, denn er sei seit einigen Monaten arbeitslos und müsse mit jedem Euro rechnen. Aber da er leichtsinnigerweise vor Wochen einmal beiläufig das Gespräch auf ein Schaukelpferd gebracht habe und die Kinder gewissermaßen Lunte gerochen hätten, fühle er sich in die Pflicht genommen …

Die Verkäuferin schluckte, stammelte Worte der Entschuldigung. »Da Sie sich nicht mehr gemeldet haben, Herr Putifar, …« Putifars Augen füllten sich mit Tränen. »Es ist meine Schuld«, stammelte er. »Ich hätte Ihnen Bescheid geben müssen. Es geschieht mir ganz recht.« Er ging mit hängenden Schultern aus dem Geschäft. –

Damit könnte die Geschichte ihr Ende haben. Hat sie aber nicht. Denn sie fängt eigentlich erst richtig an.

Die Verkäuferin legte den Vorgang nicht einfach ab wie ein bearbeitetes Aktenstück. Die Sache war für sie nicht erledigt. Sie rief den Käufer des Schaukelpferdes an, entschuldigte sich vielmals, wie es sich gegenüber einem guten Kunden gehört, und trug ihm den Sachverhalt vor. Der Herr Doktor, energisch und zielstrebig wie sein Schritt, hörte sich die Geschichte an, die mehr war als ein Sachverhalt, obgleich die Tatsachen eindeutig schienen.

»Nichts zu machen«, sagte er. »Jedenfalls möchte ich vom Kauf nicht zurücktreten.«

»Das wollte ich wissen, Herr Doktor«, erwiderte die Verkäuferin. »Entschuldigen Sie die Störung. Auf Wiedersehen.«

Sachverhalte mögen vom rechtlichen Standpunkt noch so klar und eindeutig sein, wenn das Herz mitspielt, kommen Positionen leicht ins Wanken. Das Herz des Kunden meldete sich. Einem Arbeitslosen also hatte er das längst zurückgestellte Weihnachtsgeschenk abspenstig gemacht? Zwar nicht durch einen Trick oder durch unseriöses Verhalten, sondern legal, ganz legal, daran bestand kein Zweifel. Er hatte sich nichts vorzuwerfen, aber er musste eine Entscheidung treffen.

Herr Putifar staunte nicht schlecht, als ihm drei Tage vor Weihnachten ein Schaukelpferd frei Haus geliefert wurde. Der Spender wollte nicht genannt werden und war trotz eifriger Nachforschungen nicht zu ermitteln.

Mögest du in den Jubel der Engel
einstimmen können,
die sich über die Geburt
des Kindes freuen.

Irischer Segenswunsch

Was immer ihr tut, tut es aus Liebe

Interview mit dem hl. Nikolaus

Reporter: Bischof Nikolaus, Sie sind einer der volkstümlichen Heiligen. Man darf sagen: Sie gehören zu den bekanntesten. Vor allem Kinder haben Sie in ihr Herz geschlossen.

Nikolaus: Oder auch nicht.

Reporter: Gehen wir einmal davon aus, dass meine Behauptung stimmt: worauf führen Sie Ihre Beliebtheit zurück?

Nikolaus: Zunächst, Herr Reporter, möchte ich relativieren. Dort, wo man mich eher zu einer Theaterfigur macht, wo ich meinen Auftritt in Begleitung des »Knecht Ruprecht«, des »Krampus« oder des »Hans

Muff« habe, also mit dunklen Gestalten, die die Rute oder den schwarzen Sack bei sich tragen, dort bin ich eher ein Kinderschreck.

Reporter: Aber die Erwachsenen …

Nikolaus: Die Erwachsenen haben ihren Jux, das ist wahr. Weil sie ein Spiel erleben und das Spiel durchschauen.

Reporter: Kinder können das nicht?

Nikolaus: Für Kinder sind alle Erlebnisse, auch die märchenhaften, ein Stück Wirklichkeit. So wie Schneewittchen oder Dornröschen oder der Hans im Glück für sie wirklich handelnde Personen sind – zumindest für die Zeit, in der man sie ihnen vorführt – so ist auch der hl. Nikolaus für sie existent.

Reporter: Auch als Bischof von Myra?

Nikolaus: Ich denke, ja.

Reporter: Ihr Lebenslauf ist schnell erzählt, Bischof Nikolaus, weil die Daten nach unserer Zeitrechnung im Dunkeln liegen.

Nikolaus: Sie liegen nicht im Dunkeln, sondern in der Hand Gottes. Es gab einmal eine Zeit, in der diese Gewissheit maßgebend und entscheidend war, nicht die Arbeit der Standesämter oder anderer Erfassungsbehörden.

Reporter: Nun gut, beschränken wir uns auf Ihren Geburtstag kurz vor dem Jahre 300. Ihre Heimat war eine kleine Hafenstadt an der Südküste Kleinasiens mit Namen Patera?

Nikolaus: Richtig. Meine Eltern waren Euphemius und Anna. Vater galt als wohlhabend und tat viel Gutes, Mutter war die Schwester des Bischofs von Myra.

Reporter: Dessen Bischofsstuhl später Ihnen zufiel?

Nikolaus: Ich wurde zum Bischof der Hauptstadt de:

alten römischen Provinz Lykien im Süden der heutigen Türkei gewählt, ganz recht.

Reporter: Gewählt? War das wirklich eine Wahl, Bischof Nikolaus?

Nikolaus: Nun, damals vollzog sich eine Wahl nicht unbedingt mit Stimmzetteln in einer Wahlkabine. Viele Menschen waren des Lesens und Schreibens unkundig. Zur Abstimmung genügte es, die Hand zu heben oder seine Zustimmung per Zuruf zu geben. Ich wurde per Akklamation Bischof von Myra.

Reporter: Aber erst, nachdem sich die Versammlung auf einen anderen Kandidaten nicht hatte verständigen können. Man forderte gleichsam ein Gottesurteil: Der erste Priester, der an einem bestimmten Morgen die Kirche betreten würde, sollte Bischof sein. Ich bin versucht, Bischof Nikolaus, Sie zu fragen, ob Sie eine solche Entscheidung für rechtens halten?

Nikolaus: Das Volk hat in seinen Gebeten den Hl. Geist um Erleuchtung angefleht. Ich habe keinen Zweifel, dass der Geist Gottes an der Entscheidung mitgewirkt hat.

Reporter: Sie sagten »Volk«. Bei der heutigen Bischofswahl hat das Volk Gottes ja kaum eine Chance oder Mitwirkung?

Nikolaus: Nicht in seiner Gesamtheit.

Reporter. Nicht einmal eine Minderheit ist an ihr beteiligt, sondern der Papst entscheidet oder ernennt, wobei es ihm freigestellt ist, die ihm vom Ortssprengel vorgelegte Kandidatenliste zu berücksichtigen oder nicht. Halten Sie diese Praxis für optimal und zeitgemäß?

Nikolaus: Sie haben, wie ich Ihnen Worten wohlweislich entnehmen konnte, auch gegen die Form meiner

Bischofswahl aus heutiger Sicht Bedenken geäußert. Man ist natürlich leicht versucht, die jeweilige Staatsform, derzeit also die Demokratie, auf die Bestimmung von Funktionärsträgern kirchlicher Institutionen zu übertragen. Ich billige der Kirche als eine nicht demokratisch zustande gekommene, sondern von Christus gestiftete Organisation zu, eigene Wege beschreiten zu dürfen, auch wenn sie nicht populär sind.

Reporter: Also bleibt alles beim Alten, Bischof Nikolaus?

Nikolaus: So lange Sie politisch denken, Herr Reporter, möglicherweise. Wobei ich Ihnen zugute halte, dass es Ihnen in einer so sachlich, so rational ausgerichteten und gefühlsarmen Zeit schwer fallen muss, Begriffe und Bezüge in Ihr Denken aufzunehmen, die von Ewigkeit sind und den Menschen zur Ewigkeit führen sollen.

Reporter: Können Sie einen dieser Begriffe oder Bezüge nennen, Bischof Nikolaus?

Nikolaus: Die nicht auf Gegenleistung wartende vorbehaltlose Liebe.

Reporter: Damit wären wir ja beim eigentlichen Thema, Herr Bischof?

Bischof: Die trockene Art, wie Sie das feststellen, zeigt mir, dass Sie skeptisch sind. Das kommt aus der Gewöhnung, die Umwelt nur noch abstrakt betrachten zu können.

Reporter: Inwiefern?

Nikolaus: Sie glauben nicht. Nicht mehr. Sie glauben nicht an die Möglichkeit, ja, an das Wunder, entgegen jeder Vernunft, aber in unbesiegbarem Vertrauen – warum nicht auf Gottes Führung und Beistand? – etwas tun zu können, das Sie jetzt für nicht realistisch halten.

Reporter. Wie realistisch war die Not des verarmten Edelmannes, der seine drei unverheirateten Töchter auf die Straße schickte, damit sie durch Prostitution ihren Lebensunterhalt verdienten? Und wie realistisch war das Wunder, das der hl. Nikolaus wirkte?

Nikolaus: Zunächst: Die Verzweiflung muss einem Vater schon über den Kopf wachsen, bevor er sich zu diesem Schritt entschließt. Aber Sie müssen mir nicht bis in meine Zeit folgen. Es gibt auch heute unzählige Frauen und Mädchen, ja, selbst im Kindesalter, die auf der Straße ihr Brot verdienen müssen. Nicht nur in den so genannten Entwicklungsländern.

Reporter: Wem sollten solche Fälle bekannt sein, wenn nicht mir.

Nikolaus: Gut. Sie haben das Problem erkannt. Und haben Sie etwas dagegen unternommen?

Reporter: Ich habe darüber berichtet, ist das nichts?

Nikolaus: Damals, vor vielen Jahrhunderten, habe ich das Problem auch erkannt. Ich habe nicht darüber berichtet, sondern geschwiegen. Im Schatten der Dunkelheit habe ich versucht, zu helfen, indem ich in drei aufeinander folgenden Nächten je einen Beutel mit Goldstücken in die Schlafzimmer der jungen Damen warf.

Reporter: Warum diese Nacht- und Nebelaktion?

Nikolaus: Um den Edelmann in seiner Armut nicht zu beschämen. Auch der arme Mensch hat seine Würde.

Reporter: Ohne Aktion, ohne Öffentlichkeit geht heute nichts mehr.

Nikolaus: Ich weiß. Indem die Probleme dieser Welt zum Allgemeingut erklärt werden, entledigt man sich leicht der persönlichen Verpflichtung zur Abhilfe. Stellen Sie sich heute vor, der erste der drei Beutel mit den

Goldstücken sei von Ihnen gekommen. Damit begänne das Wunder, das eine verzweifelte Menschheit hoffen lässt. Damit begänne auch das Wunder in Ihnen selbst, eine erstarrte Welt wieder mit Leben erfüllen zu können.

Reporter. Können Sie ein anderes Beispiel bringen?

Nikolaus: Natürlich gern. Sie entsinnen sich vielleicht der Legende, in der ich einer Schiffsbesatzung auf deren Bitten in Seenot zur Hilfe eilte. »Nikolaus, Knecht Gottes, wenn das wahr ist, was wir von dir gehört haben, so lass uns deine Hilfe erfahren«, riefen die Matrosen in ihrer Verzweiflung. Und alsbald sahen sie mich in Gestalt eines fremden Mannes, der ihnen an den Segeln und Stricken und dem anderen Schiffsgerät zur Hand ging. Als das Schiff sicher im Hafen lag, suchten sie eine mir geweihte Kirche auf, um mir zu danken. Ich sagte ihnen: »Nicht ich, sondern euer Glaube und Gottes Gnade haben euch geholfen.«

Verstehen Sie die Legende doch einmal unter einem Bild: Das Lebensschiff mancher Menschen gerät in Seenot. Und die verzweifelte Besatzung braucht jemanden, der ihr beisteht, das rettende Ufer zu erreichen. Es findet sich jemand, der Rat weiß und hilft. Angenommen, dieser jemand sind Sie? Meinen Sie nicht, dass Sie am Ende so glücklich sein könnten wie die geretteten? Weil Sie ein Wunder gewirkt haben. Mit der Gnade und in der Liebe Gottes, die das Herz aller Dinge sind.

Reporter: Ein schönes Wort zum Sonntag, Bischof Nikolaus. Mein Beruf bringt es mit sich, dass ich mich abwartend verhalte und die Dinge hinterfrage. Eine der entsetzlichen Legenden aus Ihrem Leben erzählt von drei geschlachteten und eingepökelten Studenten, die Sie wieder zum Leben erweckt haben. Was soll denn diese Geschichte tiefenpsychologisch bedeuten?

Nikolaus: Der Sachverhalt ist, wie Sie schon bemerkten, Herr Reporter, äußerst grässlich. Ein habgieriger Wirt wollte sich des Schulgeldes der drei Studenten bemächtigen, tötete und zerstückelte sie nachts im Gästezimmer und verbarg die Leichenteile in Salzfässern. Glauben Sie nicht, dass viele Menschen ihrer Identität beraubt, unterjocht, versklavt, seelisch getötet und in Verhaltensmuster gepresst werden, in denen sie nur noch mechanisch funktionieren können? Schauen Sie sich doch einmal in den Betrieben um. Nein, zunächst in Ihrer Redaktion. Können Sie so frei schreiben, wie es die Pressefreiheit garantieren möchte? Geraten Sie nicht in die Zwänge politischer, wirtschaftlicher, ökonomischer Abhängigkeiten? Die Legende ist ein Schlüssel, die eigene Situation besser zu erschließen und die Verhältnisse der Zeit zu verstehen.

Reporter: Und Sie haben die drei Studenten wieder zum Leben erweckt, indem Sie ihnen erklärten, worin ihre Abhängigkeit bestand?

Nikolaus: Und wie sie sich aus ihr befreien konnten, um wieder »sich selbst« zu sein und das eigene »Ich« wiederzufinden.

Reporter: St. Nikolaus als Psychotherapeut. Eine neue Variante im Heiligenleben. So bringt der fromme Bischof den Kindern Äpfel, Nuss und Mandelkern und den Erwachsenen Einsichten in ihr Verhalten?

Nikolaus: Die Hoffnung auf Einsicht, ja. Ich denke, Herr Reporter, dass das Schlüsselwort aller Zeiten »Liebe« heißt. Es gilt für das ganze Leben, und es löst alle Rätsel und Probleme. – Was immer ihr tut, tut es aus Liebe.

Reporter: Ein schönes Wort zum Abschluss unseres Interviews. Herr Bischof Nikolaus, ich danke Ihnen für dieses Gespräch.

Möge das Kind in der Krippe
dich daran erinnern,
dass auch du
arm und bloß
auf die Welt gekommen bist.

Irischer Segenswunsch

Das gestohlene Jesuskind

Die Aufregung war nicht zu überbieten, als Küster Kohus festgestellt hatte, dass das Jesuskind aus der Weihnachtskrippe verschwunden war. Gestern, gegen 17 Uhr, am Vortag des Heiligen Abends, hatte er es eigenhändig auf Heu und Stroh gebettet, nachdem der Stall von Betlehem an seinem gewohnten Standort aufgestellt worden war und Maria und Josef sowie die Hirten mit ihren Schafen ihren angestammten Platz eingenommen hatten.

Als erstes unterrichtete Küster Kohus nach Entdeckung des Diebstahls seinen Pfarrer. »Nun erzählen Sie noch einmal in Ruhe, was sich ereignet hat«, forderte Pfarrer Neumann den Besucher auf, nachdem er ihm im Pfarrbüro einen Stuhl angeboten hatte.

»Da ist nicht viel zu berichten«, erklärte der aufgeregte Küster. »Nachdem ich heute Morgen gegen 9 Uhr die Kirche aufgeschlossen hatte, habe ich mich einigen Arbeiten in der Sakristei gewidmet. Erst später, kurz vor Mittag, als ich mich vergewissern wollte, ob der kleine Wasserlauf, der am Stall von Betlehem vorüberführt, auch wirklich funktioniert, fiel mir der Diebstahl auf.«

»Also muss jemand zwischen neun Uhr und dem Angelusläuten in das Gotteshaus gekommen sein und das Jesuskind mitgenommen haben«, stellte Pfarrer Neumann fest. Der Küster bejahte. »Aber wer tut denn so was, Herr Pfarrer?«, entrüstete sich Herr Kohus. »Wir haben doch keine historische Krippe, sodass die Figuren Sammelwert besäßen.«

»Nein, weiß Gott nicht. Es sind Gipsfiguren, und die sind nicht einmal gut gelungen. Ich hätte dem Pfarrgemeinderat schon längst die Anschaffung einer neuen Krippe vorgeschlagen, wenn unser Haushaltsbudget den Kauf rechtfertigen würde. Doch die finanziellen Zuwendungen der Diözese fallen ja immer ärmlicher aus.«

»Für die älteren Menschen in unserer Gemeinde haben die Gipsfiguren aber durchaus einen Erinnerungswert«, verteidigte Küster Kohus die Krippe. »Sie kennen sie seit Kindertagen und sind gleichsam mit ihnen groß geworden.«

»Ja, ja, das mag ja alles stimmen. Doch jetzt hilft uns das nicht weiter«, wandte Pfarrer Neumann ein. »Jetzt geht es darum, dass wir den Kindergottesdienst mit dem Krippenspiel um 17 Uhr retten. Eine Krippe ohne Jesuskind – unvorstellbar.«

Der Stuhl, auf dem Küster Kohus saß, wurde heiß. Er wandte sich unruhig hin und her. »Es hat wohl auch keinen Sinn, wenn wir in der Nachbargemeinde um Hilfe nachsuchen. Heute ist das Christkind unentbehrlich.«

Pfarrer Neumann nickte. Plötzlich hellten sich die Gesichtszüge von Küster Kohus auf. »Wie wäre es, Herr Pfarrer, wenn wir eine Puppe meiner Enkelin Nicole entsprechend dekorieren und als Ersatzjesuskind in die Krippe legen würden?«

Doch von dem Vorschlag wollte der Pfarrer nichts wissen. Das sei ein Stilbruch, meinte er. Gips bleibe Gips und eine Plastikpuppe werde schwerlich ein Christkind. Die Gemeindereferentin schob ihren Kopf durch die Tür. Sie wollte mit dem Geistlichen noch einige Texte abstimmen, doch Pfarrer Neumann bedeutete ihr dafür sei jetzt keine Zeit. Wenn das Jesuskind in der Krippe fehle, erübrige sich alle Abstimmung, dann fiele das Krippenspiel aus und man müsse einen Notfahrplan organisieren.

»Es sollen wieder Diebesbanden in der Stadt sein«, sagte die Gemeindereferentin, nachdem sie ihren Schreck über die Nachricht verwunden hatte. »Die klauen doch wie die Raben.«

»Vorsicht, Vorsicht, Frau Bienek!« Der Pfarrer hob warnend den Zeigefinger. »Keine Vorverurteilungen. Wir wollen und dürfen niemanden verdächtigen.«

»Dann sollten wir die Polizei einschalten«, forderte der Küster. »Irgendetwas müssen wir doch unternehmen.« Die Gemeindereferentin stimmte zu.

»Wegen eines gestohlenen Christkindes wird die Polizei kaum in Erscheinung treten. Da müsste schon ein voller Opferstock geklaut worden sein«, stellte Pfarrer Neumann fest.

»Geld ist eben doch der Maßstab aller Dinge«, seufzte Gemeindereferentin Bienek.

Doch dann schlug sie vor, in die Kirche hinüberzugehen und sich persönlich ein Bild von der Freveltat zu machen. Als die Drei das Gotteshaus betreten hatten und vor der Krippe standen, staunten sie nicht schlecht. Das Jesuskind lag an seinem Platz, umgeben von Mutter Maria und dem Nährvater Josef und in geziemendem Abstand standen die Hirten mit ihren Schafen. Das Bächlein rieselte in seinem Bett aus feinen Kieselsteinen durch die Mooswiesen vor dem Stall und sein Plätschern hörte sich allerliebst an.

»Wie muss ich nun das verstehen?«, rief der Pfarrer und schüttelte den Kopf. »Herr Kohus, fehlte das Jesuskind heute Morgen denn tatsächlich in der Krippe?«

»Ich habe doch Augen im Kopf, Herr Pfarrer. Natürlich fehlte es! Meine Hand darauf!«

»Aber Zeugen haben Sie nicht, oder?«

»Nein«, knurrte der Küster, »aber ich gebe Ihnen mein Ehrenwort. Die Krippe war leer!«

Die Gemeindereferentin wollte gerade »Viel Lärm um Nichts« sagen, da entdeckte sie den Zettel. Er lag am Krippenrand, wo der kleine Holzzaun als Begrenzung des heiligen Bezirks dient, und war mit einem der Kieselsteine beschwert. Frau Bienek zog das Schriftstück hervor und las: »Entschuldigung, dass ich das Jesuskind für zwei Stunden entführt habe. Meine Großmutter hat sich gefreut wie ein kleines Kind unter dem Weihnachtsbaum. Einmal wollte sie das Jesuskind aus der Kirchenkrippe noch sehen. Vor 75 Jahren hat sie es bei einem Krippenspiel an seinen Platz getragen. Großmutter liegt seit sechs Jahren krank im Bett und wird bald sterben. Ich habe ihr ihren letzten Wunsch erfüllt. Es tut mir leid, wenn ich dadurch Unannehmlichkeiten bereitet habe. Verzeihung, D.«

Wenn Gott sich schon klein macht
wie ein Kind,
um Mensch zu werden,
welche Haltung nimmst du ein,
um Mensch zu sein?

Irischer Segenswunsch

Der Kirchenaustritt

Grambauer trat siegessicher an den Stammtisch. Auf seinem Gesicht lag ein triumphierendes Lächeln. Die Kameraden, die bereits Platz genommen hatten, bemerkten sofort, dass etwas Außergewöhnliches geschehen sein musste.

»Denen hab ich es endlich gegeben«, rief Grambauer und klopfte zur Begrüßung mit dem Knöchel des Zeigefingers zweimal kurz auf den Eichentisch.

»Wovon sprichst du?«, fragte Grundmann.

»Na, von meinem Kirchenaustritt, den ich euch doch schon zweimal angekündigt habe.«

»So hast du es endlich wahrgemacht?«

»Ja, wurde auch Zeit«, meinte Grambauer. Er ließ sich pustend auf einem Stuhl nieder und rief zum Schanktisch hinüber: »Eine Runde für alle, Mühlenwirt.«

»Dass dir die Sache so viel wert ist, dass wir sie auch gleich begießen sollen, wundert mich«, bemerkte Bühlenkraus und wiegte den Kopf. Ob aus Anerkennung oder Kritik blieb unklar. Die anderen verhielten sich ähnlich. Es war nicht deutlich, ob sie Grambauers Schritt guthießen oder missbilligen sollten.

»Und das so kurz vor Weihnachten!« Meierkord pfiff durch die Zähne.

»Gerade im rechten Moment, um ein Zeichen zu setzen. Jetzt haben sie die Quittung für ihre Vergehen«, trumpfte Grambauer auf. »Seit Wochen liest man nur von Skandalen, von sexuellen Übergriffen und so.«

»Schlimm genug, was da passiert ist!«, sagte Grundmann. »Aber ob man deshalb auch gleich den Austritt erklärt, ich weiß nicht.«

Grambauer holte gerade zu einer längeren Verteidigungsrede für seinen Schritt aus, doch da brachte der Mühlenwirt die Gläser.

»Zum Wohl, die Herren«, sagte er und zog sich hinter den Tresen zurück. Die Männer prosteten sich zu. Hemfort wischte sich den Bierschaum von den Lippen. »Ja, es ist wirklich abscheulich, was man in der Zeitung liest.«

»Und bei denen im Fernsehen spürt man die Schadenfreude, dass sie der Kirche endlich wieder eins auswischen können«, meinte Grundmann.

»Du wirst doch wohl nicht verteidigen, was da an sexuellen Verfehlungen und so passiert ist, oder?« Grambauer setzte das Bierglas mit einem spürbaren Ruck auf den Tisch und sah den Sprecher herausfordernd an.

»Keineswegs«, erwiderte Grundmann. »Ich will nur sagen: Was geschehen ist, ist schlimm genug und nicht zu entschuldigen. Die Übeltäter müssen ihre Strafe bekommen. Doch ich denke auch an die vielen guten Priester und Erzieher, deren Ruf jetzt mitgeschädigt wird.«

Bühlenkraus nickte. »In den Waisenhäusern herrschten vor vierzig, fünfzig Jahren andere Erziehungsmethoden als heute. Daran sollte man denken, ohne die Exzesse zu leugnen oder zu verteidigen.« Und an Grambauer gewandt fügte er hinzu: »Hast du daheim nie eine Tracht Prügel bekommen?«

»Wer, ich? Natürlich! Nicht nur zu Hause, auch in der Schule«, sagte Grambauer, »aber die Kirche hätte da nicht mitmachen dürfen.«

»Ach, die Kirche, die besteht auch nicht nur aus Heiligen«, lachte Hemfort.

»Nun hat Grambauer ihr ja den Rücken gekehrt und muss sich nicht länger aufregen«, rief Bühlenkraus. Er hob das Glas und prostete in die Runde.

»Hast du schon deine Weihnachtsgeschenke für die Familie zusammen?«, wechselte Meierkord das Thema und schielte zu Grundmann hinüber.

»Das ist jedes Jahr ein Kreuz, wenn man etwas schenken soll, wo man in unserem Alter doch alles hat«, brummte Grundmann, der im Hauptberuf Förster war.

»Notfalls schießt er im Revier einen Rehbock und legt ihn seiner Frau unter den Weihnachtsbaum«, lachte der Mühlenwirt hinter dem Schanktisch. Grundmann reagierte unwirsch.

»Mit diesem Problem, Grambauer, hast du in Zukunft ja nichts mehr zu tun«, grinste Bühlenkraus. »Bist sorgenfrei und musst nichts schenken.«

»Ich? Wieso?«, fragte Grambauer. »Natürlich muss ich Weihnachtsgeschenke besorgen!«

»Wirklich? Ich dachte, du seiest aus der Kirche ausgetreten?«

»Ja und?«

»Und?« Bühlenkraus stemmte die Fäuste in die Seiten. »Du bist mir ja ein merkwürdiger Patron«, lachte er. »Wer aus der Kirche austritt, sollte auch so ehrlich sein und ihre Feste ignorieren.«

Grambauer machte ein Gesicht, als ob er nicht bis drei zählen könnte.

»Weihnachten hat nämlich etwas mit Kirche zu tun, die du verlassen hast«, schlug Grundmann in dieselbe Kerbe. »Also, wenn du so konsequent sein willst, wie du angekündigt hast, musst du Weihnachten still-schweigend übergehen.«

»Ich soll was?« Grambauer stieß den Stuhl zurück. Jetzt hatte er den ganzen Stammtisch im Blick. Alle sahen ihn neugierig an. Hemfort verbiss sich das Lachen.

»Ja, ja, das Weihnachtsfest müsstest du ehrlicherweise überschlagen«, rief der Mühlenwirt hinter dem Schanktisch.

»Ihr könnt mich mal!«, erregte sich Grambauer.

»Dein Chef wird sich freuen, wenn du ihm eröffnest, dass du am zweiten Weihnachtstag arbeiten willst, weil du mit Kirche und Weihnachten nichts mehr zu tun hast«, frotzelte Meierkord.

»Leg eine Sonderschicht ein, Grambauer, die wird gut bezahlt!«, lachte Bühlenkraus. Grambauer wurde blass.

»Ihr habt euch wohl alle gegen mich verschworen, was?«

Hemfort schlug sich auf die Schenkel. »Das wird eine Gaudi werden, wenn Grambauer am Fabriktor er-scheint!« Und zum Mühlenwirt hinter dem Tresen rief er: Die nächste Runde geht auf mich.«

Gruß der
Drei Heiligen Könige

Caspar:
Am Anfang war ein ferner, süßer Traum,
der Traum von einem neugebornen Kind.
Ich ruhte unter einem Feigenbaum
und lauschte in den heißen Wüstenwind.

Melchior:
Ich sah das Kind! Es schimmerte die Krone.
Ich schloss daraus, es sei aus edlem Haus,
ja, dass es im Palast des Königs wohne
und nicht so arm sei wie die Kirchenmaus.

Balthasar:
Ich sah den Stern als erster von uns dreien,
den Schweif wie eine Schleppe hinter ihm.
Ich musste mir zwei Dromedare leihen,
um eilends her nach Babylon zu ziehen.

Caspar:
Ich deutete die Konstellationen:
Der Stand der Sterne schien mir wunderlich.
Wo sollte denn der neue Herrscher wohnen?
Natürlich bei Herodes, dachte ich.

Melchior:
Der Stern war uns ein treuer Weggeselle,
er zeigte uns die Richtung Tag und Nacht.

Nur einmal wich er nicht von seiner Stelle
und hat uns fast um den Verstand gebracht.

Balthasar:
Das war, als er statt in Jerusalem
den Herrscher uns zu zeigen, weiterging,
den König fand im Stall von Betlehem
und dort am Sparren jenes Daches hing!

Caspar:
Statt im Palast in einem feuchten Stall?
Und eine Krippe statt des Königs Wiege?
Wir hörten aus der Höhe Flötenschall
und aus dem Heu das Meckern einer Ziege.

Melchior:
Wir treten ein. – Ein Ochs liegt auf dem Stroh,
ein Esel wackelt freundlich mit den Ohren.
Maria küsst ihr Kind und lacht so froh,
und Josef singt: »Zu Betlehem geboren.«

Balthasar:
Recht seltsam, seltsam! Wäre nicht das Licht,
in dem das Kind ruht – nie geschaute Helle
umgibt sein kleines, rosiges Gesicht.
Wir sinken in die Knie noch auf der Stelle.

Caspar:
Und bieten ihm beglückt Geschenke an:
Gold, Weihrauch, Myrrhe für den Königssohn,
dass stark er wird ein Krüglein Lebertran,
– das Kind, es hebt den Kopf, es lächelt schon!

Melchior:
Es rührt die Stirnen an mit seiner Hand,
als ging ein Windhauch über sie dahin.
Wir Weisen aus dem fernen Morgenland,
wir wussten augenblicklich um den Sinn …

Balthasar:
… der ärmlichen Geburt in kalter Zeit:
Das Kind will allen Menschen Bruder sein!
So macht auch ihr ihm euer Herz bereit
und lasst gleich ihm Brüder und Schwestern ein!

Alle drei:
Gleich ihm! – Das ist ein wahres Zauberwort,
damit verändert ihr die dunklen Welten.
Wir ziehen mit dem Stern zum nächsten Ort.
Gott wird euch jede gute Tat vergelten!

Die Gipskönige
vom Kirchenboden

Seit mehr als 2000 Jahren erschienen die Heiligen Drei Könige jedes Jahr am 6. Januar pünktlich an der Krippe im Stall von Betlehem. – Doch plötzlich haben sie sich verspätet oder kommen gar nicht. Was ist passiert? Woran kann das liegen?

Die Hirten waren an der Krippe erschienen, sie hatten das Kind bewundert und ihre Gaben dargebracht, wobei sich ihnen die Hand so leicht geöffnet hatte, obgleich sie doch selbst nicht viel besaßen, nur aber wartete man auf die Heiligen Drei Könige, die nach der Überlieferung einst im Stall von Betlehem erschienen waren. Doch die ehrwürdigen Männer und ihr Gefolge ließen sich Zeit. Ob sie sich verirrt hatten? Nein, der Stern, der ihnen den Weg bis nach Palästina gewiesen hatte, würde sie auch jetzt nicht im Stich lassen. Aber Palästina war nicht hierzulande … Bedachte man das neue Ziel, so musste eine gewisse zusätzliche Zeit eingeplant werden. Je nachdem, welchen Weg die drei Weisen einschlugen, mussten sie über den Balkan reisen, wo es wie vor zweitausend Jahren noch immer manche Gefahren zu bestehen gab, oder sie hatten den Seeweg durch das Mittelmeer und den Atlantik um Frankreich herum zu wählen, vorausgesetzt sie waren gut bei Kasse und konnten die

Schiffspasssage zahlen. Am Ende mussten sie schon unterwegs einen Teil ihrer Geschenke veräußern, um zu Geld zu kommen. Ein wenig von dem schönen reinen Gold, das dem Kind zugedacht war, oder ein Gefäß von dem duftenden Weihrauch. Die Myrrhe, nein, die Myrrhe würden die Heiligen Drei Könige nicht in klingende Münzen umsetzen können, Myrrhe war bitter, und die meisten Menschen in diesem Teil der Welt wussten nicht mehr, dass man im Orient einst daraus kostbare Duftwässer und Salben hergestellt hatte.

»Wenn sie bis zum 6. Januar hier sein wollen, wird es höchste Zeit«, sagte Maria besorgt. »Bisher gibt es offenbar keine Kunde von ihnen.«

»Nein«, erwiderte Josef und blickte auf die Uhr. »Das Radio hat bis zum heutigen Tag nichts von ihnen berichtet und das Fernsehen erst recht nicht.«

»Vielleicht dümpeln sie noch in einer Windflaute«, meinte einer der kleinen Engel, die auf dem Dachsparren saßen und gelangweilt mit den Beinen schaukelten, denn allmählich wurde es ihnen in der Notunterkunft langweilig, weil sich nichts Neues ergab. Aber da widersprach der hl. Josef. Im Atomzeitalter gebe es keine Flauten mehr, es sei denn, es handle sich um einen Segler aus der Zeit des Christophorus Columbus.

»Die Heiligen Drei Könige müssen bis zum 6. Januar aber unbedingt hier eintreffen, sonst kommt die Heilige Schrift ja ganz durcheinander«, sagte Maria darauf. Josef, der sonst während des langen Tages im Stall schon mal ein Nickerchen hielt, wenn er nicht gerade ein paar Holzscheite ins Feuer oder die Windeln des Jesuskindes draußen in den Mülleimer zu werfen hatte, wurde von Stunde zu Stunde nervöser. »Irgendetwas muss aber geschehen, Maria, oder was meinst du?«

»Da pflichte ich dir bei, mein Lieber. Wir können ja auch nicht ewig in diesem Stall sitzen, sondern müssen dem Kind eine angemessene Wohnung bieten. So steht es auch in der Bibel.«

Josef fühlte sich unbehaglich, denn nun lag es offensichtlich an ihm, in dieser Situation mit unsicherem Ausgang für Abhilfe zu sorgen. »In der Bibel steht vieles, was sich nicht so ereignet hat, wie es beschrieben ist«, rechtfertigte sich Josef. »Da dürfen wir getrost einmal ein Auge zudrücken.«

»Jetzt wird nicht geschlafen!«, meldete sich einer der kleinen vorlauten Engel vom Dachsparren. »Wenn die Heiligen Drei Könige noch nicht in Sicht sind, so begnügt euch doch vorerst mit den Krippenfiguren von der Matthäuskirche. Die stehen doch noch unbenutzt auf dem Dachboden.

»Woher willst du das wissen?«, fragte Joseph nervös.

»Ich streife mal hier, mal da herum. Denn hier ist es doch allmählich langweilig«, sagte der Engel schnippisch und zuckte die Achseln.

»Du meinst also, wir sollten uns der Heiligen Drei Könige aus der Weihnachtskrippe auf dem Dachboden bedienen, damit die Weihnachtsgeschichte weiter geht?«, fragte Josef zweifelnd.

Der Engel nickte.

Josef beriet sich einen Augenblick mit Maria, und da der Gottesmutter auch keine bessere Lösung einfiel, stimmten beide dem Vorschlag des Engels zu.

»Willst du mich begleiten?«, fragte er den Engel. »Du hast bessere Augen als ich und findest dich in der Dunkelheit eher zurecht.«

Doch der kleine himmlische Bote lehnte ab. »Ich fürchte mich vor den Fledermäusen«, sagte er und schüttelte sich. Josef zog sich einen Kittel an, denn er wusste, dass sich auf Kirchenböden und auch sonst in Gotteshäusern heutzutage allerhand Staub abgesetzt hatte, und ging zur Matthäuskirche hinüber. Der Dezembertag war grau, es lag Schnee in der Luft. Das Hauptportal war unverschlossen. Der Weg zum Dachboden führte über den Turmaufgang. Die Tür war nur eingeklinkt. Josef tastete sich über die knarrenden Dielen zu dem Raum vor, wo die nicht mehr benutzten Kirchengeräte abgestellt waren. Zwischen hohen Kerzenständern, Kruzifixen und Heiligenbildern entdeckte er die Krippe. Sie war mit einem grauen Tuch abgedeckt. Einem Nichteingeweihten hätten die Figuren wahrscheinlich einen Schreck eingejagt, denn sie hatten etwas Gespenstisches an sich, wie sie dunkel und stocksteif vor dem Betrachter standen. Die demütig gebeugten Gestalten der Hirten beachtete Josef nicht, auch den Schafen und dem Hund schenkte er keine Aufmerksamkeit, so wie er auch Ochs und Esel links liegen ließ. Die noch aufrecht stehenden Heiligen Drei Könige erkannte Josef sofort an ihren Kronen und Turbanen. Es war der Augenblick, in dem sie den Stall von Betlehem betraten und das göttliche Kind in der Krippe noch nicht in Augenschein genommen hatten, deshalb ihre aufrechte Haltung. Josef wusste aus der Geschichte, was sich wenige Sekunden später ereignet hatte.

»Entschuldigung«, sagte er, während er sich an den ersten König wandte, »Sie sind gewiss Caspar, nicht wahr?«

»Erraten«, nickte der König. »Mit wem habe ich die Ehre?«

»Verzeihung, ich hätte mich zuerst vorstellen müssen. Das heißt, Sie kennen mich ja bereits, nur ist es hier auf dem Dachboden so dunkel, dass Sie mich nicht richtig sehen können. Ich bin Josef, der Sohn Davids, der Nährvater ...«

Beim Wort »Nährvater« zuckte Josef zusammen. Das Wort liebte er nicht, das hatte man ihm angedichtet. Auch wenn er nicht der leibliche Vater des Jesuskindes war, so war er doch für weitaus mehr zuständig als für die Nahrungsbeschaffung der Heiligen Familie.

»Angenehm«, erwiderte Caspar. »Ja, ich entsinne mich. Es naht die Zeit, in der die Heiligen Drei Könige dem frommen Josef, der Mutter Maria und ihrem Kind wieder die Aufwartung machen.«

»Mehr als die Aufwartung!«, rief Melchior, der zweite König, der Caspar gegenüberstand. »Wir haben dem Kind gehuldigt, Caspar, ja, es angebetet, weil es göttlicher Herkunft war.«

»Ja, ja«, sagte Caspar etwas unwirsch. »Aber was nützt es, vergangenen Tagen nachzutrauern. Wir werden wohl keine Aufwartung mehr machen und die nächsten Jahrhunderte wohl hier auf dem Dachboden verbringen.«

»Wieso denn das?«, rief Josef entsetzt.

»Ach, das kannst du nicht wissen«, mischte sich Balthasar ein.

Josef fuhr herum. Hinter ihm stand der dritte König, der mit dem grinsenden Gesicht, den er in der Dunkelheit des Raumes bisher nicht wahrgenommen hatte.

»Mein Gott, hast du mich erschreckt!« Josef schüttelte sich. »Aber was meint ihr denn mit eurer merkwürdigen Andeutung?«

»Ja, das ist so eine Sache«, ergriff Caspar wieder das Wort. »Wir haben keinen Auftritt mehr an der Krippe, weil der neue Pfarrer dieser Matthäus-Gemeinde vor drei Jahren eine neue Krippe angeschafft hat, mit einem neuen Stall und neuen Figuren. Sie seien aus echtem Holz, hat er den Gemeindemitgliedern erklärt, und nicht aus – Gips, wie wir.«

»Und seither stehen wir hier untätig herum«, schaltete sich Melchior ein. Josef bemerkte in der Dunkelheit nicht, dass dem König eine Träne über die Wange lief.

»Unerhört!«, rief Josef. »Und ihr habt euch das widerspruchslos gefallen lassen?«

»Was hätten wir dagegen tun sollen?«, erwiderte Balthasar. »Wir sind ja tatsächlich aus Gips und nicht aus Edelholz.«

»Zweimal hat man mir bei der Aufstellung an der Krippe schon ein Stück von der Nase abgeschlagen«, seufzte Caspar. »Schau her.« Er nahm Josefs Hand und führte sie in sein Gesicht. »Spürst du die Stelle, wo man die Nase wieder angeleimt hat?« Josef nickte.

»Ich habe vor Jahren ein Ohr eingebüßt«, sagte Balthasar. »Die Burschen, die uns einmal vor Weihnachten in die Kirche hinuntergetragen haben, waren raue Gesellen, ohne Gespür für die Würde von Königen.«

»Das ist eine dumme Geschichte«, sagte Josef, »und ihr tut mir aufrichtig leid. Aber zugleich sehe ich in eurem Missgeschick auch eine Chance.« Sein Gesicht hellte sich auf, doch die Könige sahen es in der Dunkelheit des Raumes nicht. »Wisst ihr«, fuhr er fort, »da euch nun in der Kirche keine offizielle Aufgabe mehr zugewiesen wird, weil eine andere Krippe eure Stelle eingenommen hat, könntet ihr nun im Stall erscheinen und die Drei Heiligen Könige vertreten, die bisher vermisst werden.«

»Also sollen wir Lückenfüller spielen?«, fragte Balthasar zweifelnd.

Caspar fasste sich an die zweimal geflickte Nase. »Bevor wir hier oben im Dachboden versauern, sollten wir Josefs Vorschlag wohlwollend prüfen.«

Melchior seufzte tief. Er hatte zwar keine Blessuren davongetragen, doch in der Rolle des Ersatzmanns fühlte er sich auch nicht wohl. Einen Augenblick steckten die Heiligen Drei Könige die Köpfe zusammen und beratschlagten. Josef trat derweil einige Schritte zurück. Die Hirten blieben in ihrer demütigen Haltung und beachteten ihn nicht. Die Schafe jedoch blickten neugierig zu ihm herüber und der Hund kam und beschnüffelte ihn. Dann trollte er sich wieder an seinen Platz.

»Also, wir sind einverstanden«, sagte Caspar feierlich und teilte ihm so das Resultat der einstimmig ausgefallenen Abstimmung mit. Josef lächelte. Ihm fiel ein Stein vom Herzen. …

So kam es, dass die Heiligen Drei Könige vom Dachboden der Matthäuskirche vorübergehend wieder zu Ehren kamen, bis zu dem Augenblick, als die echten Sterndeuter auf der Bildfläche erschienen. Die hatten allerlei Ausreden, weshalb sie sich verspätet hatten. Das Flugzeug hatte wegen eines Vulkanausbruchs nicht starten können und die Eisenbahnanschlüsse hatten wegen Streiks und Sandverwehungen nicht geklappt. Es war eben auf nichts mehr Verlass. Am besten reiste man immer noch per Wüstenschiff – auf den Rücken von Kamelen …

»Morgen, Kinder, wird's was geben«

Die Entstehungsgeschichte eines bekannten Weihnachtsliedes

Am Spätnachmittag manches Tages, nach vollbrachter Arbeit in der gewaltigen Bibliothek des Schlosses Corvey, marschierte der greise Bibliothekar Hoffmann von Fallersleben ins Städtchen. Unterwegs, auf dem Wege nach Höxter, traf er fast regelmäßig einen Unternehmer, der an der Corveyer Allee eine Fabrik gebaut hatte. Gemeinsam bewerteten sie die Tagesereignisse, tauschten sie ihre Gedanken aus. Allerdings nicht auf der Straße. Ein Schoppen Wein lockerte die Zunge, machte sie gesprächig.

Eines Tages gesellte sich der Vertreter einer Zeitung zu ihnen, ein Reporter, der den berühmten Gast des Corveyer Schlosses über sein Leben befragen wollte. Fünf Jahre lebte Hoffmann von Fallersleben, der ja eigentlich Heinrich Hoffmann hieß und sich nach seinem Geburtsort nannte, damals bereits im Hause des Herzogs von Ratibor, der ihm nach langen Wanderjahren und Phasen der Unstetigkeit an der Weser Unterschlupf und Heimat gewährt hatte. Der Reporter wollte in dem Gespräch auf die politische Tätigkeit Hoffmanns hinaus, er sah in ihm einen versteckten Revolutionär, der sich wie viele Studenten in einer Zeit, die sich nach nationaler Einigung und politischer Freiheit sehnte, von der Politik Friedrich Wilhelms IV. enttäuscht gezeigt hatte. Als Vergeltungsmaßnahme nicht zuletzt für seine kritischen »unpolitischen Lieder« sprach die vorgesetzte Behörde ein Vorlesungsverbot gegen Hoffmann aus und entzog ihm die Professur der deutschen Sprache und Literatur, die er seit 1830 in Breslau innegehabt hatte. Das »Deutschlandlied«, 1841 auf Helgoland entstanden, haben manche als politisches Testament verstanden.

In der Unterredung mit dem Reporter vermied Hoffmann von Fallersleben eine politisch gefärbte Diskussion. Er wollte viel lieber über seine Sammlung von Kinderliedern sprechen, die 1842, ein Jahr nach der Entlassung aus dem Universitätsdienst, herausgekommen war.

»Vielleicht bin ich in einem Winkel meines Herzens Kind geblieben«, merkte Hoffmann verschmitzt an. »Deshalb sind mir im Alter meine Kinderlieder so wichtig. In der Politik hat selten etwas Bestand, weil sie sich vordergründigen Ereignissen widmet, Erfordernissen des Augenblicks – in der Hoffnung auf Ewigkeitsdauer. Menschen denken schnell um. Die nächste Generation schon weiß die Errungenschaften der Väter schon nicht mehr zu schätzen. Jedoch Verse, in denen die Volksseele sich wiederfindet, sind von bleibendem Wert. Ich habe die Bedürfnisse des Volkes entdeckt, gerade in meiner schweren Zeit, etwa zwischen 1820 und 1840. Haben Sie meine Lieder in Ihrer Kindheit nicht auch gesungen?«, fragte Hoffmann den Zeitungsmann mit spitzbübischem Lächeln. »Alle Vögel sind schon da«, »Wer hat die schönsten Schäfchen«, »O wie ist es kalt geworden«, »Kuckuck, Kuckuck, ruft's aus dem Wald«.

»Ihre Kinderlieder haben die Zeiten überdauert«, nickte der Reporter, und der Fabrikbesitzer summte mit einem Male »Ein Männlein steht im Walde«, das auch aus dem Repertoire des Dichters stammte, vor sich hin.

»Doch besonders stolz bin ich auf meine Weihnachtslieder«, betonte der Bibliothekar.

»Weihnachtslieder von August Heinrich Hoffmann von Fallersleben?«, fragte der Reporter überrascht. »Ich hätte wohl verstanden, wenn Sie ihre politische Lyrik als Vermächtnis angesehen hätten. Also, auf die Weihnachtslieder wäre ich nicht gekommen.«

Die Herren ließen sich noch eine Flasche Wein bringen, die Bedienung schenkte nach.

»Mag sein, dass es heimatliche Gefühle, Erinnerungen an die Kinderzeit sind, die mich beflügeln. Bei allen Enttäuschungen, die ich erlebt habe: Rein und makellos steht mir heute meine Kindheit vor Augen. Sie ist wie ein Licht in der dunklen Zeit des Advent – verstehen Sie?«

Der Fabrikbesitzer zündete sich eine Zigarre an und blies den Rauch gegen den Lampenschirm, der in halber Höhe zur Decke über dem Tisch ein golden schimmerndes Licht verbreitete. Der Reporter wartete mit gespannter Aufmerksamkeit auf die weiteren Worte des Dichters.

»Ich liebe die Abende, die Winterabende im Schloss und in seiner Umgebung. Seit meine Frau Ida im Schatten der alten Abteikirche begraben liegt, ist es noch einsamer um mich geworden. Mein Sohn Franz lebt als Landschaftsmaler in Düsseldorf. Ich mache am Nachmittag öfter einen Spaziergang durch die anbrechende Dunkelheit – oder eben zum Stammtisch in die Stadt. Alles in der Natur ist in Zwielicht getaucht. Die Silhouette der Stadt Höxter verblasst hinter den Weserauen oder vor dem Brunsberg. Ich höre die Uhren schlagen von St. Kilian oder St. Nikolai. Ihre Glockentöne sind mir wie Botschaften: Du hast noch etwas Zeit, Hoffmann, aber nicht mehr viel. Dann nehmen mich die Gedanken mit auf eine weite Reise zurück. Und wohin ich auch gehe – an unserer Weihnacht komme ich nicht vorüber. Ich bin wieder Kind, meine Herren, Kind in der Unschuld der ersten Jahre und mit den unbeirrbaren Gefühlen, die nur aus der Seele eines Kindes stammen können. Es ist mir, als holten mich die Kinderjahre wieder ein, hier, in der Stille der Schlossbibliothek und der Weserlandschaft, die mir so sehr ans Herz gewachsen ist. Ja, hier möchte ich bleiben. Seither trage ich die Lieder der Seele stets bei mir.«

Hoffmann kramte in seiner Rocktasche und zog ein Bündel Manuskripte heraus. »Das ist die Urfassung‹, sagte er. »Sie ist in einigen Büchern abgedruckt worden.«

»Darf ich einmal sehen?«, fragte der Zeitungsmann. Wortlos überreichte ihm der Dichter seine Werke.

Morgen, Kinder, wird's was geben,
morgen werden wir uns freun!
Welch ein Jubel, welch ein Leben
wird in unserm Hause sein!
Einmal werden wir noch wach,
heißa, dann ist Weihnachtstag!
Wie wird dann die Stube glänzen
von der großen Lichterzahl!
Schöner als bei frohen Tänzen

ein geputzter Kronensaal.
Wisst ihr noch, wie vor'ges Jahr
es am Heil'gen Abend war?
Wisst ihr noch die Spiele, Bücher
und das schöne Hottepferd,
schönste Kleider, wollne Tücher,
Puppenstube, Puppenherd?
Morgen strahlt der Kerzen Schein,
morgen werden wir uns freun!

»Ja, die einfachen alten Lieder, Herr Professor, sind ein kostbarer Schatz unserer Erinnerung«, bemerkte der Unternehmer gedankenvoll und sah auf die Uhr. »Wir werden uns aufmachen – es ist Zeit für den Heimweg.«

Hoffmann verabschiedete den Reporter und zückte das Portemonnaie.

»Nicht doch«, sagte der Fabrikbesitzer und griff nach der Brieftasche. »Diese Stunde beim Wein war so schön, dass ich sie dem Wirt vergolden möchte.«

Möge das Licht
des Sternes von Betlehem
deinen ferneren Lebensweg
erleuchten.

Irischer Segenswunsch

Schlechte Zeiten für Herodes

Kurze Zeit, nachdem Jesus zur Zeit des Königs Herodes in Betlehem in Judäa geboren worden war, erschienen Sterndeuter aus dem Osten Asiens in Jerusalem und fragten nach dem neugeborenen König der Juden. Sie sagten: »Wir haben seinen Stern aufgehen sehen und sind nun hier, um ihm zu huldigen.« Als König Herodes das hörte, erschrak er und auch die Stadt Jerusalem wurde in Unruhe versetzt. Der König ließ alle Hohenpriester und Schriftgelehrten des Volkes versammeln und erkundigte sich bei ihnen, wo der neue König, der Messias, geboren werden solle.

nach Matthäus

Die Gerüchte von der bevorstehenden Geburt des Messias versetzten nicht nur die Römer in Unruhe, weshalb sie Repressalien erwogen, sondern auch Herodes den Großen. Sie wurden genährt durch das Eintreffen einiger Sternkundigen, die eines Tages in Jerusalem auftauchten. Es war ein Trupp von etwa zehn Mann. Drei schienen Gelehrte zu sein, die von ihren Dienern begleitet wurden. Sie saßen auf Kamelen, hatten auch zwei Maulesel als Tragtiere dabei und kamen von weit her, denn sie sahen danach aus, als ob sie eine große Reise hinter sich gebracht hätten. Ihre Gesichter waren trotz der Turbantücher von der Sonne gegerbt, aus ihrer Kleidung stob feiner Sand, ihre Tiere wirkten erschöpft und ausgelaugt.

An einer Zisterne ließen sie sich nieder. Gleich waren sie umringt von neugierigen Kindern. Auch einige Erwachsene, Händler und Söldner, blieben stehen.

»Wenn ihr kein Aufhebens macht und bald weiter reitet, könnt ihr euch hier ausruhen«, sagte ein Wachsoldat. »Wenn ihr aber vorhabt, in Jerusalem zu bleiben, habt ihr euch die schlechteste Stelle ausgesucht, die man nur wählen kann. Hier ist nämlich militärisches Sperrgebiet. Also, entscheidet euch.«

»Wir werden schon in Jerusalem bleiben – denn wir suchen nach einem neuen König, der in diesen Tagen geboren sein soll.«

»Neuer König?« Der Soldat machte ein verblüfftes Gesicht. »Hier gibt es nur einen alten König, Herodes mit Namen. Es ist mir nicht bekannt, dass er noch einen Sohn gezeugt hat.«

»Unsere Forschungen weisen uns in diese Stadt oder in ihre nächste Umgebung. Wohin könnten wir uns denn wenden?«

»Ans Palais des Herodes direkt. Den Weg kann ich euch zeigen.« Der Soldat erklärte ihnen in wenigen Worten, wie sie auf schnellstem Wege zum Königspalast des Herrschers auf dem Westhügel kämen. Sollte der alte Halunke wirklich noch einen Sohn bekommen haben?, fragte sich der Wachsoldat, während er dem seltsamen Tross nachblickte. Davon hätte man doch in der Stadt gehört. Vorsichtshalber informierte er seinen Vorgesetzten über das seltsame Gespräch.

Die Krieger, die den Eingang zur Burg Antonia sicherten, wollten die Sternkundigen erst gar nicht vorlassen. Doch als die Fremden Dokumente vorwiesen, die die Wächter allerdings nicht lesen konnten, und auf ihrer

Absicht bestanden, unbedingt mit dem Herrscher von Judäa sprechen zu müssen, wurden sie schließlich von einer Sicherheitsschleuse zur nächsten weitergeleitet. Herodes war außer sich, als er von der Absicht der Magier erfuhr. Ein neuer Königssohn? Am Ende der Messias? Sofort ließ er einige Pharisäer, die für die Verbreitung des Gerüchtes gesorgt hatten, hinrichten. Bevor er die Besucher befragte, beorderte er seine besten Gelehrten zu sich, Historiker, Mathematiker, Theologen und andere Wissenschaftler, dazu auch einige Militärs, und forderte Aufklärung über mögliche Prophezeiungen oder Überlieferungen.

Die Versammlung war auf die zehnte Morgenstunde angesetzt. Herodes befand sich in heller Aufregung, als die Gelehrten seines Reiches sich um ihn scharten. Inzwischen hatte sich das Erscheinen der Sterndeutergruppe herumgesprochen. Die Wachen hatten sie am Weggehen gehindert, die Hofbeamten sie in einem Teil des Palastes untergebracht, wo sie zwar fürstlich bewirtet wurden, die Räume aber nicht verlassen konnten. Die Haupttüren waren verschlossen.

»Habe ich nicht genug Scherereien mit meiner Nachfolge?«, tobte Herodes, als er die Sitzung eröffnet hatte. »Eines nach dem anderen meiner als verlässlich und ergeben geltende Familienmitglieder erweist sich als heimlicher Hochverräter. Der Scharfrichter kommt nicht mehr zur Ruhe. Es geht um die Sicherheit des Thrones, um den Fortbestand meiner Dynastie in Judäa. Und jetzt laufen mir ein Dutzend Magier über den Weg, die behaupten, die Konstellation der Gestirne zeige ihnen einen Herrscher an, vor dem die Welt in die Knie sinken werde. Und dieser neue König – die Juden sprechen vom Messias – werde ausgerechnet hier zur Welt kommen oder sei sogar schon geboren worden? Warum weiß ich davon nichts, he?«

Der König, auf einen Stock gestützt, stand vor den im Halbkreis um ihn versammelten Ratsmitgliedern und sah die Männer der Reihe nach durchdringend an. Die Spitzen seines ergrauten Bartes zitterten.

»Was sagen unsere Astronomen über den Sternenhimmel? Was ist das für ein auffälliger Stern, von dem die fremden Weisen schwafeln? Was haben Sterne mit neuen Königen zu tun?«

»Es wird sich kaum um einen einzelnen Stern handeln können, mein König«, sagte der oberste der Hofastronomen. Seine Stimme klang kläglich. »Ich vermute, dass mehrere Sterne zusammen leuchten oder ein Komet erschienen ist.«

»So, vermutest du? Wissen tust du es nicht, oder? Schläfst du des Nachts oder beobachtest du den Himmel, he? Wozu beziehst du ein fürstliches Gehalt? Damit du nachts auf dem Ohr liegst und vor dich hin schnarchst?« Herodes pochte mit dem Stock auf den Marmorfußboden. Er war aufs höchste erregt.

»Ein Himmelskörper wie ein Komet, um den es sich hier handeln könnte, ist meist ein Bote. Heil oder Unheil – wer kann es wissen.«

»Unheil?« Herodes schnappte nach Luft. »Habe ich nicht genug Unheil erlebt? Und da wagst du es, mir die Möglichkeit eines neuen Unheils zu prophezeien?« Der oberste Hofastronom wich einen Schritt zurück.

»Warum muss ich erst durch fremde Sterngucker erfahren, was sich ereignet? Warum werde ich nicht von dir informiert?«

»Es gibt Konjunktionen, mein König, die in der Ferne, in einem fremden Land zu beobachten sind, aber nicht vor Ort, hier in Judäa, in Jerusalem. Deshalb ist uns diese Himmelserscheinung auch nicht aufgefallen.«

»Du redest dich um Kopf und Kragen, wenn du mir keine genaueren Angaben machen kannst«, schimpfte Herodes. Der Oberhofastronom gab einem Mitarbeiter ein Zeichen und dieser zog aus einem Bündel zusammengerollter Pergamentstücke, auf dem die bekannten Sternkreiszeichen eingetragen waren, eine vergilbte Karte heraus und breitete sie auf dem Tisch aus.

»Es gibt noch eine verwegene Theorie«, beschwichtigte der Oberhofastronom den erregten Landesfürsten. »Schaut, ich werde sie Euch erläutern.«

Die ganze Gesellschaft trat an den Tisch heran, auf dem die Karte lag. »Wie gesagt, es ist eine wagemutige Theorie, hat also keinen Anspruch an die Wirklichkeit, das möchte ich ausdrücklich betonen. Es ist für dieses Jahr eine dreifache Konjunktion von Jupiter und Saturn im Sternbild der Fische errechnet worden. Ich wiederhole, es ist eine nicht gesicherte Begegnung der Himmelskörper. Aber eine andere Deutung ist wohl auszuschließen.«

Herodes beugte sich über den Kartentisch, dass die Spitzen seines ergrauten Bartes fast die Platte berührten. Die anderen Gäste blieben in gebührendem Abstand stehen. »Was sagt uns das?«, fragte er die Astronomen.

»Ich habe von einem babylonischen Kollegen gehört, dass diese Begegnung der Planeten auf ein Ereignis in Israel hindeuten könnte.«

»In Israel?«

»Genauer in Judäa.«

»Was?« Herodes schnellte hoch. Sein Stock, auf den er sich stützte, fiel klappernd zu Boden. »Und das sagst du

erst jetzt? Ich werde dich einen Kopf kürzer machen!«
Der Oberhofastronom zitterte wie Espenlaub. »Ich
kann den Himmel nicht beeinflussen, o König, son-
dern nur zu deuten versuchen, was er uns sagen will.«
»Warum sind die Hochkulturen der Vergangenheit, be-
sonders in Ägypten, Mesopotamien, Persien dann wei-
ter als wir? Was konnten sie, was wir nicht verstehen?«
»Sie sind uns um Jahre und Erfahrungen voraus. Die
Chaldäer konnten Kometen beobachten und ihre
Wiederkehr berechnen. Doch auch wir haben unsere
Erfahrungen mit dem Himmel.«
»Und was sagt er uns? Nur weiter!« Der König pochte mit dem Knöchel seines Zeigefingers auf den von
Schriftstücken übersäten Tisch.
Der oberste Hofastronom räusperte sich: »Der baby-
lonische Astronom, von dem ich meine Kenntnisse
habe, sagte mir, dass Jupiter der Stern des babylonischen Gottes Marduk sei, während Saturn als Planet
des jüdischen Volkes gelte. Der westliche Teil des Fi-
schezeichens stehe im Zusammenhang mit Palästina.
Das muss uns nicht direkt treffen, nicht Judäa. Doch
könnten sich folgende Schlussfolgerungen ergeben,
die – wie ich nochmals betonen möchte – rein spekula-
tiv sind und für die es keine greifbaren Beweise gibt.«
»Ich höre!« Der König blickte mit gespannter Aufmerksamkeit auf den Astronomen.
»Der Königsstern Jupiter in Verbindung mit Saturn,
dem Schützer Israels, könnte bedeuten, dass im Sternbild der Fische, also im Westen, ein König geboren
worden ist.«
Herodes knickte zusammen. Mit beiden Händen stützte er sich auf den Kartentisch, als läge die Lösung der
Prophezeiung in den Schriftstücken verborgen. »Also

doch«, seufzte er. »Also haben die Sterndeuter aus dem Osten doch Recht.«

»Wir haben noch eine zweite Theorie, o König, eine Theorie, der ich mehr Glauben schenken würde«, beeilte sich der oberste Hofastronom festzustellen »Es darf nämlich bezweifelt werden, ob Saturn für die babylonischen Astronomen der kosmische Repräsentant des Volkes Israel sein kann. Saturn wird nach babylonischer Deutung auch mit dem Land Syrien verbunden, nach griechischer Interpretation mit dem Gott Kronos, der in manchen alten Zauberbüchern mit dem jüdischen Gott Jahwe gleichgesetzt wird. Aber sagt selbst, o König, lehnt das Judentum Sterne als Götter nicht ab?«

Aus den Reihen der Theologen hörte man ein beifälliges Murmeln.

»Verzeiht, mein König, dass ich es wage mich einzumischen«, meldete sich der oberste Vertreter des Militärs zu Wort. Seine Stimme klang fest. »Der Oberhofastronom sprach von wagemutigen Theorien. Sie haben praktisch keine Auswirkungen auf das Reich. Ich versichere Euch, dass keine militärische Macht im Anmarsch auf Judäa ist. Kein Herrscher trachtet uns nach dem Leben. Die Grenzen sind sicher, erst recht, seit der römische Statthalter Publius Quinctilius Varus in den sonst unsicheren Regionen seine Macht präsentiert. Ihm stehen genügend Söldner zur Verfügung, um auch die aufständischen Gebirgsstämme in die Schranken zu weisen.«

Herodes entfuhr ein Seufzer der Erleichterung. Jemand schob ihm einen Stuhl hin, auf den er sich fallen ließ. Er wandte sich dann an die Theologen und forderte sie auf, darzulegen, was die Schriften hinsichtlich

des zu erwartenden Messias zu berichten wussten.
Der Hohepriester erläuterte eine Reihe von Prophezeiungen, die bei Jakob beginnend sich über Mose, Jesaja, Jeremia, Ezechiel durch die ganze Heilsgeschichte hinzogen. Herodes verstand sich als strategischer Planer, er begehrte genau zu wissen, was sich wann, wie, wo ereignete. Der Theologe zitierte aus dem vierten Buch Mose: »Ich sehe ihn, aber nicht jetzt, ich schaue ihn, aber nicht nahe. Es tritt hervor ein Stern aus Jakob, und ein Zepter erhebt sich aus Israel und zerschlägt die Schläfen Moabs und zerschmettert alle Söhne Jets.«

»Das ist mir zu vage«, schimpfte Herodes. »Das sagt mir nichts. Weiter!«

Der Hohepriester erinnerte an ein Wort des Propheten Jesaja: »Darum wird der Herr euch selbst ein Zeichen geben: Siehe, die Jungfrau wird schwanger werden und einen Sohn gebären und wird seinen Namen Immanuel nennen.« Aber auch diese Bibelstelle erschien dem König wenig aufschlussreich, zu wenig auf die Jetztzeit übertragbar. Als der Hohepriester die Vision des Propheten Micha darlegte, war der Herrscher mit einem Male hellwach:

Du, Stadt Betlehem im Lande Juda, bist keineswegs die geringste unter den bedeutenden Städten des Landes. Denn aus dir wird ein Fürst hervorgehen, der mein Volk Israel regieren soll.

nach Matthäus

»Also haben wir hier den Beweis!« Herodes schlug sich mit der Hand aufs Knie. »Was du mir vorgesetzt hast, Oberhofastronom, war ein Ablenkungsmanöver, für das du büßen wirst. Du bist die längste Zeit Sterndeuter in meinen Diensten gewesen.« Dann wandte er sich an den obersten Militär: »Es freut mich zu hören, dass die Grenzen gesichert sind. Aber was nützt mir eine Sicherheit an den Rändern des Staates, wenn der Feind schon im Zentrum weilt? Ein unscheinbares Städtchen namens Betlehem soll plötzlich Mittelpunkt eines neuen Machtzentrums werden? Ich degradiere dich, ich werde deinen Posten mit einem Mann besetzen, der das Gras wachsen hört und weiß, wo ich meine Widersacher zu suchen habe.«

Dann kehrte sich Herodes dem ersten Theologen zu: »Warum hast du, Hoherpriester, bis zuletzt mit deinem Wissen hinter dem Berg gehalten und erst gesprochen, als du zum Reden aufgefordert wurdest? Du hättest uns einen Vorsprung verschafft, den Feind noch vor Morgengrauen zu verhaften. Geh! Geh mir aus den Augen. Auch du hast dich nicht würdig erwiesen, in meinen Diensten zu stehen.«

Der König löste die Versammlung auf. »Ich werde die fremden Sternkundigen selbst befragen, allein! Verschwindet, ihr alle habt mir einen Bärendienst erwiesen!« Herodes wusste, dass die Menschen ihn hassten. Auch die Beamten und Diener seines Hofes liebten ihn nicht. Er konnte sich in Wahrheit auf niemanden verlassen. Er ließ die Magier aus dem Osten zu sich bringen, hieß sie scheinheilig nochmals auf das Herzlichste willkommen und setzte ihnen aufs Neue Obst und frische Speisen vor. Wie unbeabsichtigt und beiläufig horchte er sie aus, warum sie ihr Weg ausgerechnet nach Betlehem führe, wo es doch keinen Königspalast gebe und woher auch keine Kunde von der Geburt eines Königs gedrungen sei.

»Das ist eine lange Geschichte«, begann der älteste der Sterndeuter, der auch sonst das Wort zu führen schien. »Schon vor mehreren tausend Jahren werteten die Babylonier das Sternbild der Jungfrau ERUA als das Zeichen am Himmel, das auf die Geburt des Erlösers hinweist.« Herodes fühlte sich mit einem Male so schwach, dass er ohnmächtig zu werden drohte. Mühsam umklammerte er die Tischkante, um nicht umzusinken. Ein weißer Schleier legte sich vor seine Augen und seine Stirn war kalt, obgleich sie sich schweißnass anfühlte. Wie aus weiter Ferne hörte er die Erklärungen des gelehrten Mannes, der mit Begeisterung darlegte, wie auch in anderen Kulturen die Geburt eines ungewöhnlichen Königs durch eine Jungfrau angekündigt und überliefert worden war. Schließlich machte der weit gereiste Astronom eine Pause, als er das in sich geschlossene, kalkweiße Gesicht des Königs sah. »Soll ich Euch nun weiter die Konstellation der Sterne erläutern, die uns hierher geführt hat?«

Herodes winkte ab.

Irischer Segenswunsch

Mögest du
in deinem Herzen
das vergangene Jahr
in Dankbarkeit bewahren.

Mit jedem Jahr
wachsen die Gaben,
die Gott dir schenkte,
um alle, die du liebst,
mit Freude zu erfüllen.